AF889025

Abhandlungen
zur Rechtswissenschaft und zu ihrer Methode.

Herausgegeben

von

Rudolf Joerges.

Drittes Heft.

Der richterliche Eid. Von Dr. Hans Hartung.

München und Leipzig,
Verlag von Duncker & Humblot.
1916.

Der richterliche Eid.

Von

Dr. Hans Hartung.

München und Leipzig,
Verlag von Duncker & Humblot.
1916.

Alle Rechte vorbehalten.

Altenburg
Piererache Hofbuchdruckerei
Stephan Geibel & Co.

Meinem Vater.

Meinem hochverehrten Lehrer Herrn Professor Dr. Langheineken (Halle a. S.) sage ich auch an dieser Stelle für die weitgehende Förderung bei der Anfertigung der Arbeit herzlichen Dank.

Stoffeinteilung.

Seite

§ 1. Die richterlichen Initiativrechte bei der Stoffsammlung im Gegensatz zu den richterlichen Offizialrechten 1–29

Die Herbeischaffung des Beweismaterials ist grundsätzlich Sache der Parteien. Nur in einzelnen besonders hervorgehobenen Fällen kann das Gericht ex officio, losgelöst von jeder Beschränkung, Beweisstoff sammeln. Zwischen diesen beiden Kategorien, den reinen Parteirechten und den unumschränkten Offizialrechten, steht eine dritte Gattung: nämlich die Initiativrechte. Dies sind richterliche Rechte auf dem Gebiete der Stoffsammlung, die an dem entgegengesetzten, ausdrücklichen und übereinstimmenden Parteiwillen ihre Schranke finden.

Anhang: Von den Reformbestrebungen auf dem Gebiete des Zivilprozeſsrechts . . 29–35

Bei der Ausgestaltung, die die Dispositionsmaxime durch die dem Gericht gewährten Initiativrechte erfahren hat, erfüllt die geltende Zivilprozeſsordnung ihre Aufgabe. Auch das Mündlichkeitsprinzip ist nicht schrankenlos im Gesetz aufgenommen, sondern durchaus brauchbar ausgestaltet.

§ 2. Die Befugnis, auf einen richterlichen Eid unter bestimmten Voraussetzungen erkennen zu können, ein Initiativ-, kein Offizialrecht 35–46

§ 475 gibt dem Gericht kein Offizial-, sondern nur ein Initiativrecht, durch dessen Ausübung es im Rahmen der Dispositionsmaxime auf eine materiell richtige Entscheidung hinwirken soll. Folgerungen: 1. Der richterliche Eid kann der Partei nicht gegen ihren ausdrücklichen Willen auferlegt werden. 2. Der richterliche Eid hat subsidiären Charakter.

Seite

§ 3. **Die Bedeutung der Beweislast und der Beweisergebnisse für die Zulässigkeit der Auferlegung eines richterlichen Eides** . . . . 46—58

Voraussetzung für die Auflage eines richterlichen Eides ist das Vorhandensein eines unvollständigen Hauptbeweises. Dieser kann aus den Verhandlungen und einer Beweisaufnahme oder aus den Verhandlungen allein gewonnen werden.

§ 4. **Die Bedeutung der Beweislast und der Beweisergebnisse für die Auswahl des Juraturus** . . . . 58—64

Ist nur ein unvollständiger Hauptbeweis vorhanden, so kann allein dem Beweisbelasteten ein richterlicher Eid auferlegt werden. Ist sowohl ein unvollständiger Haupt-, als auch ein unvollkommener Gegenbeweis vorhanden, so kann unter Aufserachtlassung der Beweislastverteilung der einen oder der anderen Partei ein Eid zugebilligt werden. Derjenigen Partei ist bei dieser Prozefslage der Eid zuzusprechen, zu deren Gunsten der meiste Überzeugungsstoff vorhanden ist. Nicht blofs die Vertrauenswürdigkeit, sondern gleichzeitig auch das übrige Beweisergebnis ist bei der Auswahl heranzuziehen. Vor der Eidesauflage ist stets das persönliche Erscheinen der Parteien anzuordnen. Bei der Auswahl der Partei sind der Hauptbeweis und der Gegenbeweis selbständig zu würdigen, nicht etwa voneinander abzuziehen.

§ 5. **Der richterliche Eid stets ein Tatsacheneid** . . . 65—68

§ 445 gilt für den richterlichen Eid nicht. Der richterliche Eid ist stets ein Tatsacheneid. In die Eidesformel sind möglichst nur einfache Tatsachen aufzunehmen. Der Eid kann auch über hypothetische innere Vorgänge auferlegt werden. Der Eid ist auf die Tatsache zu beschränken, deren voller Beweis dem Richter noch fehlt.

§ 6. **Der grundsätzliche, aber nicht uneingeschränkte Vorrang des richterlichen Eides vor dem Schiedseid** 68—75

Der richterliche Eid geht grundsätzlich dem Schiedseid vor. Dagegen geht der Schiedseid dem richterlichen Eide vor, wenn beide Eide übereinstimmen. Die Auflage eines richterlichen Eides ist unmöglich, wenn bei blofsem Vorhandensein eines unvollkommenen Gegenbeweises der Beweispflichtige dem Gegner einen Eid zugeschoben hat.

Seite

§ 7. Das dem richterlichen Eide und dem Schiedseid Gemeinsame . . . . 75—85

Die Fassung des Noteides und des Schiedseides liegt dem Richter ob. Beide Eide sind in der Hand des Richters subsidiäre Beweismittel. Sie sind formale Beweismittel. Vor der Auflage eines Schiedseides ist die Verteilung der Beweislast stets, vor der Auflage eines richterlichen Eides häufig zu prüfen. Auch der unter den Voraussetzungen des § 461 I auferlegte Schiedseid ist kein Kompromifseid; die Verteilung der Beweislast ist auch bei der Auflage des Schiedseides nach § 461 I zu berücksichtigen. Ebenso ist der nach § 450 auferlegte Eid kein Vergleichseid; vielmehr steht er dem richterlichen Eide nahe. Einen ähnlichen Übergang zum richterlichen Eide bildet der nach § 472 II 2 auferlegte Schiedseid. Im Falle des § 472 II 1 wird der Schiedseid zum materiellen Beweismittel. § 472 II 1 kann auf den richterlichen Eid nicht ausgedehnt werden.

§ 8. Die entsprechende Anwendung der §§ 457—471, 473 auf den richterlichen Eid und die Anwendung des § 476 . . . . 86—108

Die §§ 445—456 finden auf den richterlichen Eid keine Anwendung. Die entsprechende Anwendung der §§ 457, 470, 471 II und III in Verbindung mit § 477 II. § 458 ist auf den richterlichen Eid unanwendbar. § 459 hat uneingeschränkte Anwendung zu finden. Zur Auslegung des § 459 II insbesondere. Die §§ 460 und 461 sind nach Mafsgabe des § 477 III anwendbar. Die §§ 462 - 469 finden unverändert Anwendung. Die §§ 471 —473 sind entsprechend anzuwenden. An Stelle der §§ 472—474 tritt § 476.

§ 9. Der richterliche Eid im Beschlußverfahren und in besonderen Verfahrensarten . . . . 109—110

Der richterliche Eid ist im Beschlufsverfahren anwendbar. Doch kann er nur durch bedingten Endbeschlufs auferlegt werden. Ausgeschlossen ist die Anwendung des richterlichen Eides im Urkunden- und Wechselprozefs und im Endmündigungsverfahren.

Seite

§ 10. Die Anwendbarkeit des richterlichen Eides zum Beweise der von Amts wegen zu berücksichtigenden Punkte . . . . 111—117

Der richterliche Eid kann zum Beweise der von Amts wegen zu berücksichtigenden Punkte dienen. Die Beweisregel des § 464 II macht den richterlichen Eid im Offizialverfahren durchaus nicht untauglich.

§ 11. Die richterliche Befugnis, auf einen Schätzungseid unter bestimmten Voraussetzungen erkennen zu können, ein Initiativ-, kein Offizialrecht. Der Schätzungseid ein richterlicher Eid . . . 117—128

§ 287 I 1 erweitert die dem Gericht nach § 286 I zustehende freie Beweiswürdigung. Nach § 287 I 2 kann das Gericht unter Abschneidung von Beweisantretungen die Begutachtung durch Sachverständige anordnen. Dagegen gibt § 287 I 3 dem Gericht kein Offizial-, sondern nur ein Initiativrecht. Folglich hat der Schätzungseid subsidiären Charakter und kann der Partei nicht gegen ihren ausdrücklichen Willen auferlegt werden. Die Auflage eines Schätzungseides setzt ebenfalls einen unvollkommenen Hauptbeweis voraus. Der Schätzungseid ist stets in die Überzeugungsform zu kleiden. Er ist ein reiner richterlicher Eid: die §§ 476 und 477 finden daher auf ihn Anwendung.

Literatur.

1. Werke der allgemeinen Zivilprozeßliteratur.

Bolgiano: Handbuch des Reichs-Civil-Prozefsrechts. Allgemeiner Teil. Stuttgart 1879.

Fitting: Der Reichszivilprozefs. 12. u. 13. Auflage. Berlin 1907.

Fitting: Zur Auslegung der Reichs-Civilprozefsordnung. Im Archiv für die Civilistische Praxis Band 61 S. 403 fg.

Hellmann: Lehrbuch des Deutschen Civilprozefsrechtes. München 1886.

Hellwig: System des Deutschen Zivilprozefsrechts. 1. Teil. Leipzig 1912.

Kleinfeller: Lehrbuch des Deutschen Civilprozefsrechts. Berlin 1905.

Neukamp: Handkommentar zur Zivilprozefsordnung nebst dem Einführungsgesetz. Leipzig 1911.

Planck, J. W.: Lehrbuch des Deutschen Zivilprozefsrechts Band II. München 1896.

Schmidt, Richard: Lehrbuch des Deutschen Zivilprozefsrechts. 2. Auflage. Leipzig 1906. Mit Nachtrag 1910.

von Seuffert, L.: Kommentar zur Zivilprozefsordnung. 11. Auflage. München 1910.

Skonietzki-Gelpcke: Zivilprozefsordnung und Gerichtsverfassungsgesetz für das Deutsche Reich. Bd. I. Berlin 1911.

Stein-Gaupp: Die Zivilprozefsordnung für das Deutsche Reich. Bd. I: 10. Auflage. Tübingen 1911. Bd. II: 8. u. 9. Auflage 1908.

Wach, Adolf: Vorträge über die Reichs-Civilprozefsordnung. 2. Auflage. Bonn 1896.

Wach, Adolf: Der Entwurf einer deutschen Civilprozefsordnung. In der kritischen Vierteljahrsschrift für Gesetzgebung und Rechtswissenschaft Bd. 14 S. 329 fg.

Wach, Adolf: Grundfragen und Reform des Zivilprozesses. Berlin 1914.

Weismann, Jakob: Lehrbuch des Deutschen Zivilprozefsrechtes. Bd. I. Stuttgart 1903.

Wetzell, Georg Wilhelm: System des ordentlichen Civilprozesses. 3. Auflage. Leipzig 1878.

2. Monographien.

Birkmeyer: Das Offizialverfahren im Zivilprozefs. In der Zeitschrift für Deutschen Civilprozefs, begründet von Busch, Bd. VII S. 155 und 375 fg.

Bolgiano: Im Archiv für die Civilistische Praxis Bd. 58 S. 276 fg.; Bd. 59 S. 205 fg. In der Zeitschrift für Deutschen Civilprozefs, begründet von Busch, Bd. 2 S. 101 fg.; Bd. 11 S. 275 fg.; Bd. 18 S. 340 fg.

Brettner: Betrachtungen zur Civilprozefsordnung. In der Zeitschrift für Deutschen Civilprozefs, begründet von Busch, Bd. 3 S. 329 fg.

Fitting: Über die Folgen von Mängeln des Verfahrens. Ebenda Bd. 11 S. 1 fg.

Hoffmann: Der Eidesbeweis des § 426 der CPO., insbesondere der vereinbarte Eid und der Eid über selbständige Angriffs- und Verteidigungsmittel. In Gruchots Beiträgen zur Erläuterung des Deutschen Rechts Bd. 27 S. 177 fg.

Jastrow: Die Restitutionsklage gegen Purifikationsurteile des Reichsgerichts. Im Archiv für die Civilistische Praxis Bd. 68 S. 386 fg.

Kleinfeller: Der Thatsacheneid nach § 410 der Deutschen Civilprozefsordnung. In der Zeitschrift für Deutschen Civilprozeß, begründet von Busch, Bd. 16 S. 227 fg.

Kuhn: Bemerkungen zu § 437 der Deutschen Zivilprozefsordnung. In Gruchots Beiträgen zur Erläuterung des Deutschen Rechts Bd. 26 S. 38 fg.

Langenbeck: Über das Wesen der Notorietät und ihre Bedeutung im Zivilprozefs. In der Zeitschrift für Deutschen Civilprozefs, begründet von Busch, Bd. 4 S. 470 fg.

Laubhardt: Ist ein richterlicher Eid auch dann aufzuerlegen, wenn er voraussichtlich ohne Einflufs auf die Überzeugung des Gerichts ist? In der Juristischen Wochenschrift 1913 S. 10 fg.

Levin, L.: Richterliche Prozefsleitung und Sitzungspolizei in Theorie und Praxis. Berlin 1913.

Link: Ist ein richterlicher Eid auch dann aufzuerlegen, wenn er voraussichtlich ohne Einfluſs auf die Überzeugung des Gerichts ist? In der Juristischen Wochenschrift 1913 S. 465 fg.
Meyer, H.: In welchen Fällen ist nach der Civilprozeſsordnung der Erlaſs eines Versäumnisurteils zulässig? In der Zeitschrift für Deutschen Civilprozeſs, begründet von Busch, Bd. 9 S. 305 fg.
Nöldeke: Die Beschwerde gegen Kostenurteile. In der Zeitschrift für Deutschen Civilprozeſs, begründet von Busch, Bd. 28 S. 430 fg.
Nöldeke: Auferlegung eines Eides im Beschwerdeverfahren durch Beschluſs. Ebenda Bd. 29 S. 501 fg.
Pagenstecher, Max: Nochmals: Die praktische Bedeutung des Streites über die Rechtskraft. In der Rheinischen Zeitschrift für Zivil- und Prozeſsrecht. Sechster Jahrgang S. 489 fg.
Peschel: Der richterliche Eid mit besonderer Berücksichtigung der oberstrichterlichen Rechtsprechung. Heidelberger Dissertation 1909.
Rocholl: Die Revision in bürgerlichen Rechtsstreitigkeiten und ihre Grenzen. In der Zeitschrift für Deutschen Zivilprozeſs, begründet von Busch, Bd. 10 S. 285 fg.
Rosenberg, Leo: Die Beweislast nach der Civilprozeſsordnung und dem bürgerlichen Gesetzbuche. Berlin 1900.
Schneider, K.: Über richterliche Ermittelung und Feststellung des Sachverhalts im Civilprozesse. Leipzig 1888.
Siegel: Die Vorlegung von Urkunden im Prozeſs. Jena 1904.
Trutter: Bona fides im Civilprozesse. München 1892.
Ude: Freie Beweiswürdigung und freies richterliches Ermessen (zu §§ 259 und 260 etc. der C.P.O.). In der Zeitschrft fur Deutschen Civilprozeſs, begründet von Busch, Bd. 6 S. 419 fg.
Vierhaus: Die Praxis des Reichsgerichts auf dem Gebiete des Civilprozeſsrechts. Ebenda Bd. 5 S. 57 fg.
Wielich: Die Voraussetzungen des richterlichen Eides. Erlanger Dissertation 1908.
Zinserling, Martin: Der richterliche Eid. Jenaer Dissertation 1909.

3. Entscheidungssammlungen.

Entscheidungen des Reichsgerichts in Civilsachen.
Seuffert, J. A.: Archiv für Entscheidungen der obersten Gerichte.
Entscheidungen in Gruchots Beiträgen zur Erläuterung des Deutschen Rechts.
Entscheidungen in der Juristischen Wochenschrift.

4. Gesetzesmaterialien.

Code civil.

Entwurf einer Prozeßordnung in bürgerlichen Rechtsstreitigkeiten für den Norddeutschen Bund. Berlin 1869.

Die gesamten Materialien zur Civilprozeßordnung und dem Einführungsgesetz zu derselben vom 30. Januar 1877. Herausgegeben von C. Hahn. 1. und 2. Abteilung. Berlin 1880.

Protokolle der Kommission zur Ausarbeitung des Entwurfs einer Civilprozeßordnung für die Staaten des Norddeutschen Bundes. Berlin 1869.

Die ohne Zusatz angeführten Paragraphen sind Paragraphen der Civilprozeßordnung.

§ 1.

Die richterlichen Initiativrechte bei der Stoffsammlung im Gegensatz zu den richterlichen Offizialrechten.

Der Zivilprozeß beschäftigt sich mit „bürgerlichen Rechtsstreitigkeiten" (§ 13 GVG.), er dient der Verwirklichung des Privatrechts. Ein unmittelbares Interesse wie an der Durchführung des Strafrechts hat der Staat an der Verwirklichung des Privatrechts nicht; dem Staat in seiner öffentlichrechtlichen Stellung entspringen keine subjektiven Rechte aus der Privatrechtsordnung. Dagegen ist der Staat daran interessiert, daß das aus seiner Privatrechtsordnung dem Einzelnen zustehende subjektive Recht verwirklicht werde, wenn das einzelne Rechtssubjekt sein Recht durchgesetzt wissen will. Der Staat gewährt Rechtsschutz. Aber immer nur soweit reicht das Interesse des Staates an der Verwirklichung des Privatrechtes, als die Parteien über ihr Recht streiten und von dem Staat die Schlichtung des Streites begehren [1]. Aus der verschiedenen Stellung, die der Staat dem Privatrecht und dem Strafrecht gegenüber einnimmt, ergibt sich zwar nicht begrifflich, daß die Ordnungen, die der Durchführung des Privatrechts und des Straf-

[1] Über den Rahmen des Themas geht es hinaus, näher in eine Erörterung des Streites einzutreten, ob der Zivilprozeß ebenso wie der Strafprozeß die uneingeschränkte materielle Wahrheit zu ergründen hat oder nicht.

rechts dienen, in ihren Grundzügen, insbesondere in der Stellung, die sie dem Gericht bei der Stoffsammlung geben, auseinandergehen müssen. Es ist nicht begrifflich notwendig, aber zweckmäßig, daß im Zivilprozeß die Dispositionsmaxime vorherrscht, während im Strafprozeß die Offizialmaxime am Platze ist. Es ist zweckentsprechend, daß der Einzelne die Verfügungsfreiheit über sein Recht, die er außerhalb des Prozesses hat, auch innerhalb des Prozesses nicht ganz verliert. Wie ist nun in der geltenden Zivilprozeßordnung die Dispositionsmaxime ausgestaltet, welche Stellung nimmt insbesondere das Gericht bei der Stoffsammlung grundsätzlich ein?

Die Beantwortung dieser Frage ist für die Auslegung des § 475 von großer Bedeutung.

Im Zivilprozeß sind die Parteien die Herren.

Sie bestimmen den Prozeßlauf. Ne procedat iudex ex officio. Der Rechtsstreit in ordinario beginnt mit der Klageerhebung, mit der Zustellung der Klageschrift an den Gegner. (§ 253.) Die Parteien können das Ruhen des laufenden Verfahrens, die Aufhebung oder Verlegung von Terminen vereinbaren (§§ 251, 227); die Verlängerung und Verkürzung von Fristen ist, von Ausnahmen, z. B. den Notfristen, abgesehen, in ihre Hand gegeben. (§ 224.) Ohne Zustimmung des Gerichts können sie jederzeit das Verfahren beendigen, unter Umständen genügt dazu sogar der Wille der einen Partei allein: Der Kläger kann ohne Einwilligung des Gegners die Klage bis zur mündlichen Verhandlung des Beklagten zur Hauptsache zurücknehmen (§ 271 I); auch die Zurücknahme der Berufung, der Revision, des Einspruchs kann bis zum Beginn der mündlichen Verhandlung des

Gegners einseitig erfolgen. (§§ 515, 566, 346). Nicht einmal das verkündete Endurteil — dasselbe gilt von den Zwischenurteilen, die hinsichtlich der Anfechtbarkeit den Endurteilen gleichgestellt sind (§§ 275 II, 304 II) — kann wider den Willen der Parteien rechtskräftig werden, es bedarf der Zustellung seitens der Partei. (§§ 516 I, 317 I).

Soweit bei der Zustellung das amtsgerichtliche Verfahren von dem landgerichtlichen abweicht (vgl. die §§ 496 I, 508 I, 699 I), ist darin keine Beschränkung der Verhandlungsmaxime zu sehen, der Zustellungswille der Partei wird hier überall vermutet und ausgeführt. Übrigens bleibt die Zustellung des Urteils auch hier der Partei selbst vorbehalten. (§ 496 I.) Der Partei selber ist es überlassen, ob das Urteil Rechtskraft erlangen soll oder nicht. Auch die Zustellung des Versäumnisurteils erfolgt im Parteibetriebe, nur tritt hier die Vermittlung des Gerichtsschreibers kraft Gesetzes ein, ohne daß eine Anregung der Partei erforderlich ist. (§ 508 I.) Jedoch kann die Partei erklären, das Urteil selbst oder überhaupt nicht zustellen zu wollen.

Auch in dem Verfahren in Ehesachen, in dem der Offizialmaxime im weiteren Umfange Raum gegeben ist, werden nur die Urteile von Amtswegen zugestellt, durch die auf Scheidung oder Nichtigkeit der Ehe erkannt ist. (§ 625.) Hier kann es nicht den Parteien überlassen und in der Schwebe bleiben, ob diese einschneidende Entscheidung Rechtskraft erlangen soll oder nicht. Alle anderen Urteile dagegen, also alle Klagabweisungsurteile, werden auch im Eheverfahren nur im Parteibetrieb zugestellt. Dies ist im Hinblick auf § 616 von Bedeutung. Ist das Urteil nicht rechtskräftig, so kann die Partei dagegen immer noch Berufung einlegen und in der Berufungsinstanz neue Tatsachen als Begründung ihres Antrages auf Ehescheidung vorbringen, die sie schon vorher geltend machen konnte, deren Geltendmachung sie also bei Rechtskraft des Urteils verwirkt hätte.

Die Parteien bestimmen den Prozeß*inhalt*. Das Gericht hat nur über den von den Parteien bestimmten Klaggegenstand zu erkennen. Ne eat iudex ultra petita partium. (§ 308.) Die Parteien können den Klaggegenstand, die Klage ändern. (§ 264.) Aber nicht nur den Prozeßgegenstand, sondern auch, was hier besonders interessiert, seine tatsächliche Grundlage erhält das Gericht aus den Händen der Parteien durch ihre Behauptungen, Bestreitungen und Beweisantretungen. Judex iudicet secundum allegata et probata partium, non secundum suam conscientiam. (arg. §§ 282, 286.) Zugestandene oder auch nur nicht bestrittene Behauptungen hat das Gericht bei seiner Entscheidung als wahr zu behandeln (§§ 288, 138 II, 331 I), mit Ausnahme der „offenkundigen" Tatsachen. (§ 291.) Hier ist das Gericht, mögen sie bestritten oder unbestritten sein, nicht an den Parteiwillen gebunden. Alle übrigen bestrittenen Tatsachen bedürfen des Beweises, und zwar werden die zu benutzenden Beweismittel dem Gericht von den Parteien gebracht. (§ 282.) Andere darf es grundsätzlich nicht heranziehen, selbst wenn ihm solche bekannt sind oder im Laufe des Prozesses bekannt werden.

Ein einfaches Beispiel hierfür: Der Kläger könnte für die Wahrheit seiner bestrittenen Behauptung als Zeugen nur X anführen. Andere materielle Beweismittel hat er nicht. Diesen Zeugen aber will er aus persönlichen, materiell belanglosen Gründen, die er klarlegt, in den

Rechtsstreit nicht hineingezogen wissen, sondern schiebt dem Gegner den Eid zu. Dem Gericht ist also hier das Beweismittel bekannt geworden, mit dessen Benutzung es wohl zu einer materiell richtigen Entscheidung kommen würde. Es darf aber zwecks Ermittlung des wahren Sachverhalts X nicht als Zeugen vernehmen, sondern muß auf den Eid erkennen.

Im Bürgerlichen Recht besteht der Grundsatz der Formfreiheit für Rechtsgeschäfte. Es bleibt den Rechtssubjekten überlassen, für Beweismittel zum Beweise ihrer Rechte zu sorgen. Es steht in ihrem Belieben, die ihnen zur Verfügung stehenden Beweismittel in einem anhängigen Rechtsstreite zu benutzen oder nicht. Dem Gericht sind Inquisitionsrechte grundsätzlich versagt.

In einzelnen Punkten dagegen hat das Gericht das Recht, über die Beweisantretungen der Parteien hinaus den wahren Sachverhalt zu erforschen. Dies ist jedoch im Gesetz stets ausdrücklich hervorgehoben. In allen diesen Fällen sind besondere Gründe vorhanden, aus denen heraus dem Gericht die Offizialbefugnis beigelegt ist. Meist würde es gegen das öffentliche Interesse verstoßen, wenn das Gericht hier auf das Parteivorbringen beschränkt wäre:

So bestimmt § 3:

„Der Wert des Streitgegenstandes wird von dem Gericht nach freiem Ermessen festgesetzt; dasselbe kann eine beantragte Beweisaufnahme, sowie von Amtswegen die Einnahme des Augenscheins und die Begutachtung durch Sachverständige anordnen."

Das Gericht kann „von Amtswegen", selbst gegen den Willen der Parteien, die Einnahme des Augenscheins, die Begutachtung durch Sachverständige anordnen. Der Grund für diese Befugnis: Der festgesetzte Streitwert bildet die Grundlage für die Berechnung der Gerichtskosten. Im öffentlichen Interesse liegt es aber, daß diese Kosten in der richtigen, nicht etwa in einer geringeren Höhe erhoben werden. Weiter hängt von dem Wert bei Rechtsstreitigkeiten über vermögensrechtliche Ansprüche (§ 546) die Zulässigkeit der Revision ab. Sie soll nicht durch zu hohe Wertangabe künstlich geschaffen werden können.

§ 287 I 1 und 2 lautet:

„Ist unter den Parteien streitig, ob ein Schaden entstanden sei, oder wie hoch sich der Schaden oder ein zu ersetzendes Interesse belaufe, so entscheidet hierüber das Gericht unter Würdigung aller Umstände nach freier Überzeugung. Ob und inwieweit eine beantragte Beweisaufnahme oder von Amtswegen die Begutachtung durch Sachverständige anzuordnen sei, bleibt dem Ermessen des Gerichts überlassen."

Das Gericht kann „von Amtswegen", also unter Abschneidung[1] sonstiger Beweisantretungen hier den Sachverständigenbeweis anordnen. Dieses Recht ist zur Abkürzung und Vereinfachung dem Gericht gegeben in Anbetracht dessen, daß häufig die Entstehung und die Höhe eines erlittenen Schadens doch nicht von den Parteien voll nachgewiesen werden kann.

Nach § 437 II kann das Gericht, „wenn es die Echtheit für zweifelhaft hält, auch von Amtswegen die

[1] Dagegen soll durch die Worte „von Amtswegen" an dieser Stelle nicht zum Ausdruck kommen: das Gericht könne selbst wider den ausdrücklichen und übereinstimmenden Willen der Parteien hier den Sachverständigenbeweis anordnen. Das Nähere siehe in § 11. Vgl. auch Seite 20 fg.

Behörde oder die Person, von welcher die Urkunde errichtet sein soll, zu einer Erklärung über die Echtheit veranlassen."

Dieses Untersuchungsrecht ist dem Gericht eingeräumt, weil es von Wichtigkeit für die Allgemeinheit ist, daß mit der Form der öffentlichen Urkunde kein Mißbrauch getrieben werde. Das Gericht muß wegen der allgemeinen Bedeutung dieser Urkunden das Recht haben, unabhängig von der Parteidisposition ihre Echtheit nachzuprüfen, wenn es sie für zweifelhaft hält.

Weiter ist hier heranzuziehen § 622 I:

„Zum Zwecke der Aufrechterhaltung der Ehe kann das Gericht Tatsachen, welche von der Partei nicht vorgebracht sind, berücksichtigen und die Aufnahme von Beweisen von Amtswegen anordnen."

Dieses Wahrheitserforschungsrecht bedeutet zugleich eine Pflicht und ist aufgestellt, weil der Staat ein Interesse an der Erhaltung der bestehenden Ehen hat. Der Ehebund ist der freien Disposition der Gatten entzogen. Die Ehe darf nur dann geschieden werden, wenn ein gesetzlicher Grund hierfür tatsächlich vorhanden ist.

Nach § 653 I hat „das Gericht unter Benutzung der in dem Antrag angegebenen Tatsachen und Beweismittel von Amtswegen die zur Feststellung des Geisteszustandes erforderlichen Ermittlungen zu veranstalten und die erheblich erscheinenden Beweise aufzunehmen."

Der Grund für diese Vorschrift liegt auf der Hand: Die Entmündigung soll nur dann stattfinden, wenn sie nach den wahren Umständen erforderlich ist. Die Allgemeinheit hat — bei Geisteskranken insbesondere auch im Hinblick auf das Strafrecht — ein Interesse daran, daß es nur dann geschieht und geschehen kann. (Vgl. weiter die Verweisungen der §§ 670 I, 679 IV, 680 III. 684 IV, 685 und 686 IV.)

Im Aufgebotsverfahren zum Zwecke der Todeserklärung hat das Gericht „unter Benutzung der in dem Antrag angegebenen Tatsachen und Beweismittel von Amtswegen die zur Feststellung des Sachverhaltes erforderlichen Ermittlungen zu veranstalten und die geeignet erscheinenden Beweise aufzunehmen.“ (§ 968.)

Auch diese Vorschrift trägt dem öffentlichen Interesse Rechnung. „Das Gericht hat die Todeserklärung nur auszusprechen, wenn die zur Begründung derselben erforderlichen Tatsachen für erwiesen erachtet werden.“ (§ 970 I.) Die Parteidisposition kann auf die Tatsachenfeststellung keinen Einfluß haben. Die Todeserklärung ist nicht bloß von Bedeutung für die am Verfahren Beteiligten, sondern auch für Dritte. Insbesondere aber hat für die für tot zu erklärende Person, die vielleicht gerade nur abwesend und dadurch verhindert ist, ihre Sache zu führen, die zu erlassende Entscheidung die höchste Bedeutung. Es ist unumgänglich nötig, daß in diesem Verfahren unabhängig von Beweisantretungen der wahre Sachverhalt ermittelt wird, bevor die Todeserklärung ergeht. (Vgl. weiter die Verweisung des § 975.)

Auch durch die §§ 952 III, 986 III ist dem Gericht im Aufgebotsverfahren ein von den Beweisantretungen der Parteien unabhängiges Ermittlungsrecht eingeräumt. Zwar ist das Offizialrecht nicht durch die Worte „von Amtswegen“ kenntlich gemacht; dieser besonderen Hervorhebung bedarf es aber an dieser Stelle nicht, da hier die Dispositionsmaxime überhaupt aufgehoben und dem Gericht allgemein ein freies Ermittlungsrecht eingeräumt wird.

Aus der Hervorhebung nun des Offizialrechtes für jeden der einzelnen Fälle, soweit die Dispositionsmaxime herrscht, ergibt sich unzweifelhaft, daß im ordentlichen Verfahren dem Gericht ein Wahrheitserforschungsrecht im allgemeinen nicht zusteht. Vielmehr ist das Gericht grundsätzlich an die Beweisantretungen der Parteien gebunden.

Es hieße aber die Stellung des Gerichts verkennen, wollte man meinen, im Rechtsstreite dürften allein die Parteien aktiv werden, das Gericht habe nur der Initiative der Parteien nachzugehen. Der Richter hat nicht bloß als Zuschauer stumm dazusitzen, mit Aufmerksamkeit das Drama, das die Parteien aufführen, zu verfolgen und schließlich darüber sein Votum abzugeben. Auf welche Irrwege würde mancher Prozeß kommen, wann würde mancher sein Ende erreichen, wenn nicht das Gericht die Zügel in feste Hand nähme, den Prozeß geschickt und zielbewußt leitete! Das Gericht (und in erster Linie der Vorsitzende) hat weitgehende Prozeßleitungsbefugnisse. Der Inhalt der Verhandlungsmaxime ist lediglich der: Die Parteien bestimmen den Prozeßlauf an sich, den Prozeßgegenstand und die sachliche Urteilsgrundlage.

Aber auch für die Stoffsammlung ist das Gericht mit verantwortlich. Ihre richtige Ausgestaltung erhält die Verhandlungsmaxime erst durch die §§ 139, 141 bis 144. Sie haben eine grundsätzliche Bedeutung[1]. Aus

---

[1] In diesem Ausgangspunkte ist Wach, Vorträge, S. 79 wohl nicht zu folgen, der diesen Vorschriften eine grundlegende Be-

ihnen ergibt sich, daß auch bei der Stoffsammlung das Gericht eine umfassende Tätigkeit zu entfalten hat. Zum Unterschiede von den soeben aufgeführten Vorschriften, die dem Gericht ein freies Forschungsrecht geben, enthalten aber die §§ 141—144 nicht die Worte „von Amtswegen", es heißt nur: „Das Gericht kann anordnen". Durch das Weglassen der Worte „von Amtswegen" kommt zum Ausdruck, daß das hier dem Gericht gegebene Ermittlungsrecht nicht unbegrenzt ist. Es findet seine Schranke an dem entgegengesetzten Parteiwillen. Die Partei hat das Recht, zu erklären, daß irgendein Beweismittel, z. B. irgendein Zeuge oder Augenscheinsobjekt, in den Prozeß nicht hineingezogen werden soll. Im Rahmen der Parteidisposition aber hat das Gericht überall aus eigener Initiative zu handeln, es hat die Parteien unmaßgeblich anzuregen. Der Zivilrichter hat eine viel umfangreichere Initiativtätigkeit zu entfalten als der Strafrichter, dem meist der Staatsanwalt, die beamtete Partei, durch seine Anträge die Wege weist.

Dem Fehlen der Worte „von Amtswegen" wird mancher nicht die geringste Bedeutung beilegen. Auf den ersten Blick mag es scheinen, daß das Fehlen dieser Worte der reine Zufall sei. Viele halten ja die Befugnisse, die dem Gericht in den §§ 139, 141—144 gegeben sind, für Offizialrechte, in deren Ausübung das Gericht unbeschränkt ist, die die Dispositionsmaxime durchlöchern. Hören wir die Motive[1]:

deutung abspricht. Indessen im Ergebnis stimmt er mit der hier vertretenen Anschauung überein.

[1] Hahn S. 215.

„Als Mittel, um auf eine erschöpfende Erörterung der Sache hinwirken zu können, räumt dem Vorsitzenden — und dem Gericht — der § 126 ein umfassendes Fragerecht ein. Recht und Pflicht sind Korrelate. Überzeugt sich der Vorsitzende oder das Gericht, daß zur Ausübung des Fragerechts Veranlassung gegeben ist, so sind sie verpflichtet, die Frage zu stellen, wenngleich die Unterlassung den Parteien keinen Grund zur Beschwerde gibt. Ein Präjudiz für die Nichtbeantwortung einer gestellten Frage hat der Entwurf nicht aufgestellt, vielmehr dem Gericht überlassen, nach freier Überzeugung zu entscheiden, welche Folgerungen aus der Nichtbeantwortung der gestellten Frage zu ziehen sind. Der Entwurf hat ferner Bedenken getragen, dem Gericht die Befugnis beizulegen, das persönliche Erscheinen der Parteien zum Zwecke ihrer Befragung anzuordnen. Der Zwang, persönlich zu erscheinen, involviert einen Eingriff in die persönliche Freiheit, in die Dispositionsrechte der Parteien, er würde daher nur gerechtfertigt sein, wenn er von erheblichem praktischen Nutzen wäre. Ein Bedürfnis, die Parteien selbst zu befragen, kann nur in seltenen Fällen hervortreten. Die freie Beweiswürdigung gewährt dem Gericht ein Mittel, welches rascher und einfacher zum Ziele führt als die mit der Durchführung des Erscheinungszwangs verbundene umständliche und zeitraubende Prozedur. Auch würde das Gericht in Anwaltsprozessen einem tüchtigen, zuverlässigen Anwaltsstande gegenüber nur ungern zu der fraglichen Maßregel greifen, da dieselbe leicht den Schein erweckt, daß sie durch das Mißtrauen gegen den die Partei vertretenden Anwalt hervorgerufen sei. Überdies bietet die Vorschrift des § 258 (Sühneversuch — jetzt § 296) die Möglichkeit, die direkte Befragung der Parteien herbeizuführen . . .

Das Fragerecht wird vielfach nicht ausreichend sein, das Sachverhältnis klarzustellen. Es sind daher dem Gericht in den §§ 127—129 weitere Befugnisse beigelegt, welche in gleicher Weise wie das Fragerecht darauf abzielen, dem Gericht die für seine Entscheidung notwendige Grundlage zu verschaffen, Befugnisse, welche in wesentlicher Übereinstimmung auch die neueren Prozeßgesetze und Prozeßgesetzentwürfe gewähren."

Daraus geht hervor, daß die Verfasser der Entwürfe keineswegs in den jetzigen §§ 139, 141—144 dem Gericht ein schrankenloses Inquisitionsrecht haben geben wollen; das wäre in den Motiven besonders und klar hervorgehoben worden, wie es bei anderen Gelegenheiten geschehen ist. Die Dispositionsmaxime soll durch jene Vorschriften nicht aufgehoben, sondern ausgestaltet werden. Es ist kein Zufall, daß hier die Worte „von Amtswegen" fehlen. Dadurch kommt zum Ausdruck, daß es sich hier nur um Initiativ-, nicht um Offizialbefugnisse handelt. Ein Offizial-(Inquisitions)-recht darf man nach der Struktur der Zivilprozeßordnung nur da annehmen, wo es besonders hervorgehoben ist, und wo Gründe (Ausnahmeumstände) diese Annahme rechtfertigen. Eine Hervorhebung durch die Worte „von Amtswegen" oder durch eine andere zweifelsfreie Ausdrucksweise findet sich aber in den §§ 139, 141—144 nicht; auch handelt es sich hier nicht um Ausnahmefälle, in denen die Annahme eines reinen Offizialrechtes sich zweifelsfrei begründen ließe. Die §§ 139, 141—144 berechtigen und verpflichten das Gericht, auf Vollständigkeit des tatsächlichen Materials hinzuwirken, jedoch unbeschadet des Rechtes der Partei, die richterlichen Anregungen nicht zu benutzen und Beweis nicht anzutreten.

Sehen wir uns die Vorschriften einzeln an.

§ 139 lautet:

„Der Vorsitzende hat durch Fragen darauf hinzuwirken, daß unklare Anträge erläutert, ungenügende Angaben der geltend gemachten Tatsachen ergänzt und die Beweismittel bezeichnet, überhaupt alle für die Feststellung des Sachverhältnisses erheblichen Erklärungen abgegeben werden."

Die hiernach dem Vorsitzenden auferlegte Fragepflicht soll dahin wirken, daß die Parteien alles zur Wahrung ihrer Rechte Erforderliche tun. Die Partei soll zur bestimmten Beantwortung der Erklärungen des Gegners veranlaßt werden[1]. Sie ist auf die Lücken ihres Vortrags hinzuweisen, nicht ist sie erst durch das Urteil darüber aufzuklären und zu überraschen. Ein klassisches Beispiel aus der Praxis, wie nicht vorgegangen werden darf, bringt Levin[2]:

„Es war Klage erhoben auf Räumung einer Wohnung

[1] Die Aufforderungspflicht zur Erklärung über die Eideszuschiebung ist dem Gericht im § 455 besonders auferlegt worden. Im amtsgerichtlichen Verfahren ist nach § 551 wegen unterbliebener Erklärung „eine Urkunde nur dann als anerkannt anzusehen, wenn die Partei durch das Gericht zur Erklärung über die Echtheit der Urkunde aufgefordert ist." Auch hierin ist kein Offizialrecht, sondern ein Initiativrecht, eine unmaßgebliche Aufforderungspflicht im Dienste des Parteiinteresses zu sehen.

[2] Seite 118.

wegen fortgesetzter erheblicher Verfehlungen gegen die Hausordnung. Das Vorhandensein der Übertretungen war in erster Instanz durch eine umfangreiche Beweisaufnahme festgestellt, und es war daher vom Amtsgericht der Räumungsklage stattgegeben worden. Der Mieter legte Berufung ein. Das Landgericht verkündete die Abänderung des ersten Urteils und Abweisung der Klage mit der Begründung, es seien zwei schwere Verfehlungen gegen die Hausordnung erwiesen; aber der Kläger habe nicht behauptet, daß der Mieter gehörig „abgemahnt“ [1] worden sei. Der Anwalt des Klägers war tatsächlich in der Lage, etwa 13 solcher Mahnbriefe vorzulegen.“

Durch eine kurze Frage hätte hier das Gericht die Lücke ergänzen können und müssen.

Die Partei ist darauf aufmerksam zu machen, wenn sie eine bedeutsame in ihren Schriftsätzen enthaltene Tatsache in ihrem Vortrage übergeht. Ganz unhaltbar wäre es, gegen die Partei zu erkennen, weil sie es unterlassen hat, eine im Schriftsatz behandelte Tatsache zum Gegenstand der mündlichen Verhandlung zu machen. Auch ist es unerheblich für die Pflicht, zu fragen, ob die Partei das Lückenhafte ihrer Angaben erkennen konnte oder nicht, vorausgesetzt, daß es sich nicht etwa um einen offenbar aussichtslosen und nur zur Verschleppung angestrengten Prozeß handelt. Die richterliche Initiative soll darauf gerichtet sein, „daß die Sache erschöpfende Erörterung finde.“ (§ 136 III.) Auch die Gelegenheit zur Abgabe sachgemäßer Erklärungen darf den Parteien nicht geraubt werden; erforderlichen-

[1] § 553 BGB.

falls ist die Verhandlung zu vertagen oder die schon geschlossene wieder zu eröffnen.

Dagegen bürdet § 139 I dem Gericht nicht die Pflicht auf, dahin zu wirken, daß der Anwalt sachgemäße Anträge stelle. Diese Pflicht hat nach § 502 I nur der Amtsrichter gegenüber der Partei.

§ 139 II verpflichtet den Vorsitzenden ausdrücklich, „auf die Bedenken aufmerksam zu machen, welche in Ansehung der von Amtswegen zu berücksichtigenden Punkte obwalten.“ Das bezieht sich insbesondere auf Prozeßvoraussetzungen. Hier hat das Gericht zur Beibringung der erforderlichen Nachweise aufzufordern (vgl. § 335 I Ziffer 1), nicht etwa sie selbst von Amtswegen herbeizuschaffen.

Die Aufklärungspflicht erstreckt sich nur auf die tatsächliche Urteilsgrundlage. Nicht muß das Gericht auf eine Veränderung des rechtlichen Gesichtspunktes (anders § 264 StPO.) und auf rein rechtliche Zweifel hinweisen, zu denen die Partei keine Stellung genommen hat, wennschon auch ein Hinweis darauf wünschenswert ist. Denn das Gericht hat auch über Rechtsfragen die Parteivertreter anzuhören. Die Parteivertreter sollen zur Rechtsfindung mithelfen, sie haben das Recht und die (wenn auch nicht erzwingbare) Pflicht, in ihren Vorträgen das Streitverhältnis in tatsächlicher und rechtlicher Beziehung zu behandeln. (§ 137 II.)

Eine Pflicht zur Beantwortung der Fragen besteht nicht; jedoch ist das Gericht nicht gehindert, aus der Nichtbeantwortung zulässiger Fragen Schlüsse zu ziehen. Denn das Verhalten der Partei ist ein Teil des Verhandlungsinhalts, und das Gericht entscheidet unter Berücksichtigung des gesamten Inhalts der Verhandlungen nach freier Überzeugung darüber, ob eine Behauptung bewiesen oder nicht bewiesen ist. (§ 286 I 1.) Die Nichtbeantwortung einer Frage kann im Einzelfall als Indiz bei der Bildung der Überzeugung des Gerichts von Bedeutung sein [1].

Der Vorsitzende und nach § 139 III auch die Beisitzer sind dafür verantwortlich, daß der Sachverhalt erschöpfend klargelegt wird, soweit es dem Willen der Parteien entspricht. Die Nichtausübung der Fragepflicht ist ein wesentlicher Mangel des Verfahrens (§ 539); auch kann die Revision auf Verletzung des § 139 gestützt werden [2], wenngleich mit der Beschränkung, daß dic Tatsachen, die den Mangel ergeben, in der Revisionsbegründung nach § 559 in Verbindung mit § 554 III Ziffer 2 b anzugeben sind.

Immerhin aber haben sich die Fragen in der Richtung des mutmaßlichen Parteiwillens zu halten. § 139 gibt dem Gericht kein Inquisitions-, sondern nur ein Initiativrecht [3].

---

[1] Communis opinio. Vor einer unzulässigen Verallgemeinerung ohne Prüfung des Einzelfalles warnt Wach, Vorträge, S. 75 mit den Worten: „Es muß als Mißbrauch und Verirrung gekennzeichnet werden, wenn das Schweigen auf eine Frage oder die Weigerung der Antwort als nachteiliges Indiz oder gar als stillschweigendes Zugeständnis behandelt wird.

[2] Ebenso alle neueren Reichsgerichtsentscheidungen. Vgl. die Nachweise bei Seuffert Anm. 1 c zu § 139. In den Entwürfen heißt es noch: Der Vorsitzende „kann" hinwirken. Das „kann" ist in „hat" umgewandelt worden.

[3] Reichsgericht, VI. Senat, vom 16. Novbr. 1911 in der J. W. 1912 S. 198 Nr. 21: „Die richterliche Fragepflicht kann nicht dahin gehen, die Parteien zu Anführungen und Anträgen zu zwingen, die sie nicht machen und nicht erheben wollen." — Anderer Ansicht Schneider S. 107: „Der Richter soll nachfragen, unerbittlich und bis ins einzelnste nachfragen — im üblichen

Übrigens ist trotz der richterlichen Aufklärungspflicht auch heute noch eine Abweisung durch Prozeßurteil (absolutio ab instantia) wegen Unklarheit des Klaggegenstandes begrifflich denkbar; insbesondere im amtsgerichtlichen Verfahren ist es nicht ausgeschlossen, daß der Fall praktisch wird. Ist der Kläger nicht einmal zur Individualisierung seines Klaggegenstandes zu bewegen, so ist ein konkretes materielles Rechtsverhältnis überhaupt nicht in lite, es kann also auch nicht darüber entschieden werden; für ein Sachendurteil fehlt jegliche Grundlage. Der Kläger kann daher allein durch Prozeßendurteil (absolutio ab instantia) abgewiesen werden. Ist dagegen der Klaggegenstand mindestens individualisiert, seine tatsächliche Grundlage wohl erkennbar, fehlt es nur an der Schlüssigkeit und kann sie nicht ergänzt werden, so ist ein konkretes Rechtsverhältnis vorhanden, über das entschieden werden kann; hier ist Raum für ein Sachendurteil, für eine absolutio ab actione [1].

Deutsch: „inquirieren" — den Parteien durch Kreuz- und Querfragen auf den Leib rücken, ihnen in ihrem Vorbringen nachgehen, dasselbe alsbald auf seine Glaubwürdigkeit und Schlüssigkeit kontrollieren, unter Umständen die Parteien den Inhalt ihrer Abmachungen Wort für Wort mitteilen lassen." — Ein so von dem übrigen Inhalt der Prozeßordnung abweichendes Recht hätte der besonderen Hervorhebung bedurft.

[1] Ebenso: Wach, Vorträge, S. 74, Anmerkung; Schneider S. 126 Anmerkung; Skonietzki-Gelpcke Anm. 6a zu § 139: „Das Befragen dient dazu, eine Zurückweisung angebrachtermaßen möglichst zu vermeiden." — Eine Abweisung nur durch Prozeßurteil halten in diesem Fall für unmöglich: z. B. Stein zu § 139 Anm. VI; Seuffert zu § 139 Anm. 1e; Stölzel Bd. II S. 146 bis 147; RG., II. Senat, vom 24. Febr. 1882, Bd. VI, S. 358; unentschieden: RG., VI. Senat, vom 16. Okt. 1902 Bd. 52 S. 328; vgl. auch RG., VII. Senat, vom 10. Juli 1908 in der J. W. 1908 S. 557 Nr. 19.

Eine wichtige Ergänzung der Fragepflicht enthält § 141 I:

„Das Gericht kann das persönliche Erscheinen einer Partei zur Aufklärung des Sachverhaltes anordnen."

Das Gericht kann Gelegenheit nehmen, seine Fragen, die es nach § 139 stellen kann, der Partei persönlich vorzulegen. Es kann die Partei selber zur Aufklärung des Sachverhaltes auffordern, beim Erscheinen ihre persönliche Glaubwürdigkeit, wie die eines Zeugen, prüfen und das Ergebnis bei der Beweiswürdigung verwerten. Jedoch besteht keine Pflicht der Partei, zu erscheinen. Das Gericht kann nicht das Erscheinen erzwingen. (Anders in Ehe-, Familienstands- und Entmündigungssachen.) Hier kann Vorführung erfolgen [1]. Das Offizialrecht ist aber da überall ausdrücklich hervorgehoben. (Vgl. § 619 III und die Verweisung in § 640; § 654 I und die Verweisungen in den §§ 671 I, 676 III.) Dagegen ist das Gericht nach § 286 nicht gehindert aus dem Ausbleiben Schlüsse zu ziehen; das Gericht kann aus dem Nichterscheinen als Indiz unter Umständen eine bestimmte Überzeugung gewinnen [2].

Nach § 142 I kann das Gericht, ohne die förmliche Beweisantretung der Partei abwarten zu müssen, „anordnen, daß eine Partei die in ihren Händen befindlichen Urkunden, auf welche sie sich bezogen hat, sowie Stammbäume, Pläne, Risse und sonstige Zeichnungen vorlege."

Die Anordnung zur Vorlegung von Urkunden setzt voraus, daß die Partei sie in Händen und sich darauf

[1] Übrigens kann die erschienene Partei in Ehesachen nach § 619 nicht zur Abgabe einer Erklärung gezwungen werden.

[2] Communis opinio. Was hier gesagt ist, gilt entsprechend auch für die nachstehend besprochenen Fälle der §§ 142—144.

in der Verhandlung zur Beweisführung bezogen hat. Zum Unterschiede von § 423 enthält zwar § 142 die Worte „zur Beweisführung“ nicht. Was sollte aber sonst die Bezugnahme bezwecken[1]? Die Vorlegung der Urkunde dient nicht nur zur Information, sondern auch zum Beweise bestrittener Behauptungen. In dem Recht zur Anordnung liegt aber doch keine Durchbrechung der Dispositionsmaxime: Das Gericht kann die Beweisaufnahme anordnen, d. h.: es braucht den förmlichen Parteiantrag dazu nicht abzuwarten; durch ihre Bezugnahme hat die Partei kundgetan, daß sie die Urkunde, die sie in Händen hat, deren Inhalt sie also kennt, zum Beweise benutzen will.

Auch ohne Bezugnahme kann dagegen die Vorlegung von Stammbäumen usw. angeordnet werden, ja sogar, wenn die Partei sie nicht in Händen hat oder sie überhaupt erst anzufertigen sind. Die Einsichtnahme in die Stammbäume und Zeichnungen ist Augenscheinseinnahme.

Hierfür nun und für den Sachverständigenbeweis bestimmt § 144 I allgemein:

„Das Gericht kann die Einnahme des Augenscheins, sowie die Begutachtung durch Sachverständige anordnen.“

Zur Anordnung ist das Gericht nicht bloß zu seiner Information, zur Aufklärung unbestrittener Tatsachen befugt[2], sondern auch zum Zwecke des Beweises streitiger und noch nicht festgestellter Behauptungen. Einer Bezugnahme wie bei Urkunden (§ 141 I) bedarf es nicht.

---

[1] Communis opinio. Vgl. besonders Siegel S. 96.

[2] So Skonietzki-Gelpcke Anm. 3 zu § 144; Langenbeck S. 485; Trutter S. 170/71. — Eine solche Beschränkung sieht das Gesetz nicht vor.

Aber trotzdem enthält auch diese Vorschrift keine Durchbrechung der Verhandlungsmaxime. Auch § 144 gibt dem Gericht kein Inquisitions-, sondern nur ein Initiativrecht; das Gericht hat das Recht zu einer unmaßgeblichen Anregung. Der Richter braucht eine förmliche Beweisantretung der Partei nicht abzuwarten, sondern kann von sich aus eine Beweisaufnahme durch Vernehmung von Sachverständigen, durch Einnahme des Augenscheins anordnen, wenn er dies für zweckmäßig hält, und wenn nicht die Parteien ausdrücklich und übereinstimmend widersprechen. Auch dann, wenn nur eine Partei widerspricht, die andere dagegen der Beweisaufnahme gleichgültig gegenübersteht, kann er sein Initiativrecht ausüben. Aber gegen den ausdrücklichen und übereinstimmenden Willen beider Teile kann er diese Maßnahme nicht treffen[1]. Er hat nicht das Recht, durch Anordnung eines Sachverständigenbeweises den Parteien Kosten zu bereiten, die sie sich ersparen wollen. Insbesondere darf er nicht den Sachverständigenbeweis unter Abschneidung, unter Ausschaltung anderer Beweisantretungen anordnen. Hierin unterscheidet sich gerade, wie meist übersehen wird[2], das dem Gericht nach § 144 zustehende Initiativrecht

[1] Anderer Ansicht z. B. Stein, Vorwort zum achten Titel des zweiten Buches; Seuffert Anm. 1 zu § 144; Weißmann Bd. 1 S. 132; Schneider S. 140 fg.: „Unbekümmert um Parteianträge oder -wünsche soll und darf der Richter den noch sichtbaren Teil des ursprünglichen Sachverhaltes, sowie alle sinnlich wahrnehmbaren Umstände, die einen Rückschluß auf selbigen gestatten, der eigenen Wahrnehmung unterwerfen und die Ergebnisse davon vergleichend neben die Behauptungen der Parteien stellen; er soll auf diese Weise durch jene Behauptungen gewissermaßen hindurch zu dem ursprünglichen Sachverhalte hindurchzudringen versuchen.“

[2] Vgl. z. B. Stein Anm. III 3 zu § 287.

von dem Offizialrecht aus § 287 I 2[1]. Wollte § 144 in der Tat eine Ausnahme von dem Prinzip der Verhandlungsmaxime aufstellen, so wäre dies sicherlich ebenso klar hervorgehoben worden, wie es in den anderen herangezogenen Fällen geschehen ist[2].

Der Sachverständige ist Richtergehilfe. (Vgl. § 406.) Aus dieser Eigenschaft könnte man wohl schließen, der Richter sei ganz unabhängig vom Parteiwillen zur Hinzuziehung Sachverständiger befugt. Diese gegenteilige (herrschende) Meinung ist de lege lata abzulehnen. Der Beweis durch Sachverständige untersteht der Verhandlungsmaxime. Das ergibt sich nicht nur aus § 404 IV, sondern dafür spricht insbesondere auch § 403. Danach muß der richterlichen Anordnung des Sachverständigenbeweises eine Beweisantretung durch die Partei vorangehen. Diese Vorschrift wäre nicht bloß entbehrlich, sondern die Aufstellung dieser allgemeinen Regel wäre unerklärlich, wenn das Gericht allgemein ex officio

---

1 Vgl. § 11 der Abhandlung.

2 Die im Text vertretene Anschauung teilt Wach, Vorträge S. 77 fg.: „Wie immer die Parteien ihren Willen, das Augenscheinsobjekt als Überzeugungsmittel zu benutzen, im Prozeß bekundet haben, allemal kann der Richter die Beweisaufnahme, den „Augenschein", d. h. die sinnlich eigene Wahrnehmung anordnen. Eines ausdrücklichen, formell darauf gerichteten ‚Antrags' bedarf es nicht." — Treffend auch Planck § 97 S. 103: „Eine Vermehrung der zu benutzenden Beweismittel von Amtswegen ohne (ausdrücklichen oder stillschweigenden) Parteiantrag steht dem Gericht auf dem der freien Parteidisposition unterliegenden Gebiet nicht zu." — Ebenso Stölzel Bd. I S. 76; Kleinfeller, Lehrbuch § 56 S. 181.

Auch § 501 in allen seinen Teilen enthält keine Durchbrechung der Parteiherrschaft. Seine Besonderheit ist: Die Anordnungen können im amtsgerichtlichen Verfahren vor einer mündlichen Verhandlung erfolgen.

diesen Beweis anordnen könnte. Auch die Hervorhebung in § 3 — Zur Ermittlung des Streitwertes kann das Gericht „von Amtswegen" die Einnahme des Augenscheins und die Begutachtung durch Sachverständige anordnen — wäre dann unterblieben. Die §§ 403, 404 IV, 3 zeigen, daß aus § 144 I — dasselbe gilt für die §§ 142 III, 372 I, 412, 442 — kein schrankenloses Offizialrecht herzuleiten ist. Zweifellos wäre diese Durchbrechung der Verhandlungsmaxime nicht nur im Gesetz[1], sondern auch in den Motiven unzweideutig hervorgehoben worden. Die richterliche Befugnis aus § 144 I durchbricht nicht die Parteiherrschaft, sie findet ihre Schranke am ausdrücklichen und übereinstimmenden gegensätzlichen Willen der Parteien.

Zu erwähnen sind an dieser Stelle auch die §§ 45 und 102 HGB. Sie handeln von der Einsichtnahme in die Handelsbücher einer Partei und in das Tagebuch eines Handelsmäklers. Dies ist kein reiner Urkundenbeweis. Vielmehr soweit es sich um die Unversehrtheit und Unvollständigkeit der Bücher im ganzen handelt, ist die Einsicht in diese Bücher Augenscheinseinnahme. Daher, weil sie bei formaler Vollständigkeit häufig vollen Beweis erbringen, wie das Augenscheinsobjekt, ist das Gericht auch zur Anordnung der Vorlegung dieser Bücher nach den §§ 45 und 102 HGB. ohne förmliche Beweisantretung einer Partei befugt. Beide Vorschriften enthalten zwar die Worte „von Amtswegen", man wird aber trotzdem aus diesen Paragraphen

[1] Vgl. z. B. § 293. Danach ist unbekanntes ausländisches Recht von den Parteien nachzuweisen. Das Gericht aber „ist befugt, auch andere Erkenntnisquellen zu benutzen und zum Zwecke einer solchen Benutzung das Erforderliche anzuordnen."

kein Inquisitionsrecht herleiten dürfen. Man darf nicht annehmen, daß das HGB. in diesen zwei Fällen Ausnahmen von einer grundlegenden Prozeßregel aufstellen wollte. Aus der Regel, daß ein Offizialrecht nicht angenommen werden darf, wo der Ausdruck „von Amtswegen" oder eine ähnliche Hervorhebung fehlt, folgt nicht umgekehrt: Überall, wo die Worte „von Amtswegen" sich finden, sei ein Offizialrecht anzunehmen. Diese Umkehrung ist zwar für die in sich abgeschlossene und in der Terminologie relativ genaue Zivilprozeßordnung richtig, nicht aber auch für alle anderen Gesetze. Bei den oben herangezogenen §§ 3, 437 II, 622 II, 653 I, 968 läßt sich die Annahme von Offizialrechten auch, von dem Wortlaut abgesehen, durch besondere Gründe rechtfertigen. Solche besonderen Umstände fehlen aber bei den §§ 45, 102 HGB. Auf den Wortlaut allein kann niemals entscheidender Wert gelegt werden. Die Richtigkeit der Auslegung wird bestätigt durch folgende Erwägung: Die Worte „auf Antrag oder von Amtswegen" sind in den §§ 45 und 102 HGB. offenbar gewählt, um die Wiederholung zu vermeiden: „Das Gericht kann auf Antrag oder auch ohne Antrag . . . anordnen." In diesem Sinne sind jedenfalls die angezogenen Paragraphen auszulegen. Sie geben dem Gericht nur Initiativrechte; dagegen kann der Richter nicht gegen den ausdrücklichen Willen der Parteien die Vorlegung anordnen.

Wohl ist die Frage berechtigt: Warum braucht das Gericht nur für den Beweis durch Augenschein, für den Beweis durch Sachverständige eine formelle Beweisantretung nicht abzuwarten? Warum hat es dieses Initiativrecht nicht auch für die anderen Beweismittel?

Die Antwort liegt nicht fern: Für den Beweis durch Augenschein ist dem Gericht das Initiativrecht wegen der Eigenart dieses Beweises gegeben; der Augenschein ist die Krone alles Beweises; denn er ist unmittelbarer Beweis. Der Augenschein liefert, soweit das Objekt vorhanden ist, vollen und unwiderleglichen Beweis. Daher werden durch die Augenscheinseinnahme oft andere umfangreiche Beweisaufnahmen entbehrlich. Für den Beweis durch Sachverständige ist dem Gericht das Recht gegeben, da der Sachverständige Richtergehilfe[1] ist. Nur das Gericht selbst kann wissen, ob es genug Sachkunde zur Beurteilung des Falles hat oder nicht.

Schließlich ist hier noch § 143 heranzuziehen; auch er gibt dem Gericht ein Initiativrecht:

„Das Gericht kann anordnen, daß die Parteien die in ihrem Besitze befindlichen Akten vorlegen, soweit dieselben aus Schriftstücken bestehen, welche die Verhandlung und Entscheidung der Sache betreffen.“

Einer Beweisantretung oder Bezugnahme bedarf es nicht. Trotzdem aber ist in der Befugnis eine Durchbrechung der Verhandlungsmaxime nicht zu sehen. Denn es wäre ganz undenkbar, daß sich diese Vorschrift auf Privatgeheimnisse, z. B. Korrespondenzen, Privatgutachten,

[1] Aus der Eigenschaft des Sachverständigen als Richtergehilfe folgt aber keineswegs, wie hier nochmals hervorgehoben werden mag (vgl. S. 20 fg. der Abhandlung): Das Gericht könne stets, auch gegen den ausdrücklichen übereinstimmenden Parteiwillen, den Sachverständigenbeweis anordnen. Das Gericht darf den Parteien nicht Kosten bereiten, die sie sich ersparen wollen. Kann sich das Gericht ohne Sachverständige nicht überzeugen, so trägt der Beweispflichtige den Schaden, wenn er der Zuziehung eines Sachverständigen widerspricht.

beziehen solle [1]. Hauptsächlich handelt es sich hier um eine Ergänzung der Gerichtsakten, soweit sie lückenhaft sind. Wird etwa dem Gericht durch die Einsichtnahme neuer Prozeßstoff bekannt, so darf es ihn bei der Entscheidung nur benutzen, wenn die Parteien ihn nachträglich zum Gegenstand ihrer Verhandlungen gemacht haben.

Gegen die Bedeutung, die im Vorstehenden dem Fehlen der Worte „von Amts wegen“ beigemessen ist, könnte man einwenden: Die §§ 145 fg. enthalten auch nur die Worte: „das Gericht kann anordnen“, es findet sich hier dieselbe Ausdrucksweise wie in den §§ 141 bis 144; die Worte „von Amts wegen“ fehlen auch hier, und trotzdem geben die §§ 145 fg. dem Gericht Befugnisse, bei deren Ausübung es von dem Willen der Parteien ganz unabhängig ist: folglich kann man aus dem Wortlaut der §§ 141—144 nicht schließen, daß sie dem Gericht bloß Initiativrechte und keine Inquisionsrechte geben.

Der Schluß ist nicht richtig. Denn die §§ 145 fg. behandeln einen anderen Gegenstand wie die vorhergehenden Paragraphen, handeln nicht von der Stoffsammlung, sondern von der formalen Prozeßleitung. Daß das Gericht bei der Ausübung seiner formalen Prozeßleitungsbefugnisse ganz unabhängig von dem Parteiwillen ist, ergibt sich aus der Sache selbst; folglich bedarf das in den §§ 145 fg. keiner Hervorhebung. Das Gesetz hält

[1] Ein inquisitorisches Eindringen hält auch Levin S. 138 für unzulässig, entgegen seiner Grundanschauung (S. 117): Die weiteste Auslegung des Gesetzes ist geboten und jede Einschränkung abzulehnen, die der Feststellung des wirklichen Sachverhalts zuwider wäre.

auf dem Gebiete der formalen Prozeßleitung die Hervorhebung des Offizialrechtes begreiflicherweise nicht für erforderlich. Das wird durch einen Vergleich des § 504 III mit § 594 besonders deutlich. Danach darf im amtsgerichtlichen Verfahren sowie im Urkunden- und Wechselprozeß auf Grund prozeßhindernder Einreden die Verhandlung zur Hauptsache nicht verweigert werden; doch kann das Gericht ex officio, ganz unabhängig vom Parteiwillen, die abgesonderte Verhandlung über diese Einreden anordnen. Dieses Offizialrecht ist im § 594 durch die Worte „von Amts wegen" hervorgehoben, nicht aber im § 504 III, während im übrigen beide Gesetzesstellen wörtlich übereinstimmen. Trotzdem im § 504 III — ebenso wie in den §§ 145 fg. — eine besondere Hervorhebung fehlt, hat die hier dem Richter gewährte Befugnis genau denselben Umfang wie die aus § 594. Die formalen Prozeßleitungsbefugnisse sind nach ihrem Wesen ohne weiteres als unumschränkte Offizialrechte anzusprechen; einer besonderen Hervorhebung im Gesetz bedarf dies nicht. Anders dagegen ist es mit den richterlichen Rechten auf dem Gebiete der Stoffsammlung. Die Stoffsammlung ist grundsätzlich Sache der Parteien: neuen Entscheidungsstoff darf das Gericht im allgemeinen gegen den Willen der Parteien in den Prozeß nicht einführen. Ausnahmen von dieser Prozeßregel bedürfen der besonderen Hervorhebung. Dies ist auch stets im Gesetz geschehen, wie an den §§ 3, 437 II, 622 II, 653 I, 968 gezeigt ist. Auch müssen für die Annahme eines Offizialrechtes auf dem Gebiete der Stoffsammlung, vom Gesetzeswortlaut abgesehen, der niemals allein entscheidend sein kann, immer besondere Gründe vorhanden sein.

Das bisherige Ergebnis ist folgendes: Die Stoffsammlung ist grundsätzlich Sache der Parteien. Dagegen kann in einzelnen ausdrücklich hervorgehobenen Fällen und aus besonderen Gründen das Gericht ex officio, losgelöst von jeder Beschränknng, Entscheidungsstoff sammeln. Zwischen diesen beiden Kategorien aber, den reinen Parteirechten und den unumschränkten Offizialrechten, steht noch eine dritte Gattung: nämlich die Initiativrechte. Dies sind richterliche Rechte auf dem Gebiet der Stoffsammlung, die an dem entgegengesetzten, ausdrücklichen und übereinstimmenden Parteiwillen ihre Schranke finden.

Eine solche Dreiteilung steht im Zivilprozeßrecht nicht vereinzelt da. Ganz entsprechend lassen sich auch die Prozeßmängel in drei Arten einteilen[1]:

Es gibt absolut unverzichtbare Prozeßmängel. Sie sind stets von Amts wegen zu beachten. Hierher gehört z. B. der Mangel der Parteifähigkeit, der Prozeßfähigkeit, das Fehlen der Legitimation des gesetzlichen Vertreters (§ 56). Weiter ist die Legitimation des Bevollmächtigten im Parteiprozeß (§ 88 II) und die Legitimation des klagenden Vertreters in Ehe- und Familienstandssachen (§§ 613, 640), ebenso die Zulässigkeit des Rechtsweges (§ 17 GVG.) und die Zuständigkeit in nicht prorogierbaren Sachen (§ 40 II) stets ex officio zu prüfen.

Im konträren Gegensatz zu den absolut unverzichtbaren stehen die absolut verzichtbaren Prozeßmängel. Sie sind nie von Amts wegen zu beachten.

---

[1] Die folgende Einteilung ist der Zivilprozeßvorlesung von Langheineken entlehnt.

Hierher ist z. B. die fehlende Legitimation des Gegners im Anwaltsprozeß (§ 88 I), die mangelnde Sicherheitsleistung für die Prozeßkosten seitens des ausländischen Klägers (§§ 110—113, 274 II Ziffer 5), das Fehlen unwesentlicher Bestandteile der Klageschrift (§ 253 III u. IV) zu rechnen. Auch die mangelnde Gerichtsunterworfenheit wegen Vereinbarung eines Schiedsgerichts (§ 274 II Ziffer 3) dürfte hierher gehören.

In der Mitte zwischen diesen beiden Kategorien stehen die relativ verzichtbaren Prozeßmängel. Sie sind nur bei Versäumnis des Gegners von Amts wegen zu rügen. Zu diesen Mängeln zählen z. B.: das Fehlen wesentlicher Bestandteile der Klageschrift (§ 253 II u. arg. § 335), die nicht ordnungsmäßige Form der Klageerhebung (§ 335 Ziffer 3) und der Ladung (§ 335 Ziffer 2). Auch die Zuständigkeit in prorogierbaren Sachen ist nur beim Ausbleiben des Gegners von Amts wegen zu prüfen. Ebenso gehört hierher die Rechtshängigkeit (§ 274 Ziffer 4).

Dies Letztere ist zwar nicht die allgemeine Anschauung: Nach der Ansicht der Mehrheit vielmehr ist die doppelte Anhängigkeit derselben Streitsache niemals ex officio zu beachten. Die Anhänger dieser Anschauung können sich auf den Wortlaut des § 263 berufen. Dort heißt es, die Rechtshängigkeit bewirkt unter anderem, daß der Gegner die Einrede der Rechtshängigkeit erheben könne. Daraus wird gefolgert, der Richter dürfe niemals von sich aus, sondern nur nach Geltendmachung der (verzichtbaren) Einrede die doppelte Anhängigkeit berücksichtigen. — Nach anderer Ansicht ist die Rechtshängigkeit stets ex officio zu beachten. Der Partei sei es versagt, die staatlichen

Rechtspflegeorgane wegen ihres Streites doppelt in Anspruch zu nehmen.

Die Regelung im letzteren Sinne wäre vielleicht wünschenswert; im geltenden Rechte findet diese Lehre jedoch keine Grundlage. Nirgends findet sich in der Prozeßordnung die Bestimmung, der Richter könne von sich aus die Rechtshängigkeit beachten. Daher geht die communis opinio mit Recht dahin, die Einrede der Rechtshängigkeit sei eine verzichtbare prozeßhindernde Einrede. Dieser Prozeßmangel darf nicht gegen den Willen der Parteien von Amts wegen berücksichtigt werden. Ist der Streit aber schon anderswo anhängig, und es erscheint der Gegner in dem neuen Prozesse nicht, so ist zu vermuten, aus seinem Nichterscheinen zu schließen, daß er die Einlassung auf die zweite Klage verweigert. Aus diesem Grunde ist die Rechtshängigkeit im Versäumnisfalle ex officio zu prüfen. Die Rechtshängigkeit in einem anderen Verfahren ist für den neu erhobenen Prozeß ein relativ verzichtbarer Prozeßmangel [1].

Hiernach bilden die relativ verzichtbaren Prozeßmängel einen ähnlichen Zwischenbegriff wie die Initiativrechte auf dem Gebiete der Stoffsammlung.

Anhang.

Von den Reformbestrebungen auf dem Gebiete des Zivilprozefsrechts.

In unserer reformfreudigen Zeit drängt sich die Frage auf: Erfüllt bei dieser Ausgestaltung der Dispositionsmaxime der Zivilprozeß seine Aufgabe?

[1] Ebenso mit derselben Begründung Langheineken in seiner Zivilprozeßvorlesung.

Der Zivilprozeß dient bestimmungsgemäß der Durchführung der subjektiven *Privatrechte*. Wegen dieser Aufgabe ist es durchaus zweckmäßig, daß die Zivilprozeßordnung dem Gericht eine ganz andere Stellung den Parteien gegenüber anweist wie die Strafprozeßordnung für den Strafprozeß. Im Zivilprozeß sind die Parteien die Herren; sie haben die Verfügung über den Prozeßinhalt und den Prozeßlauf. Dagegen wäre es verfehlt, wenn die Parteien das Gericht irgendwie leiten und in seinen Beschlüssen beeinflussen könnten. Eine solche Stellung weist die Zivilprozeßordnung dem Gericht nicht an.

Vielmehr ist der Rechtsschutzsuchende der staatlichen Entscheidungs- und Befehlsgewalt unterworfen. Eine Gefahr, daß das Gericht zum Spielball der Parteien werde und nach ihren Launen über Narrenanträge, über Illusionen entscheiden müsse, ist nicht vorhanden. Abgesehen von seinem Rechte, über die Partei Ordnungsstrafen nach § 179 GVG. verhängen zu können, ist das Gericht auch in der Lage, unsinnige Anführungen in der Sache schnell abzuweisen dadurch, daß es sie für offenkundig unbegründet erachtet (§ 291.)

Eines uneingeschränkten Wahrheitserforschungsrechtes kann das Gericht im ordentlichen Verfahren entbehren, es würde dadurch auch nur zwecklos belastet werden. Die Beibringung des Tatsachenmaterials kann den Parteien in der Hauptsache überlassen bleiben. Denn ihr Interesse an der Durchsetzung ihrer behaupteten Rechte ist fast immer so mächtig, daß sie schon von selbst alles zur Ermittlung des wahren Tatbestandes erforderliche Material anbieten. Meist sind sie dabei eifriger als der eifrigste Staatsanwalt. Ein Fall wie der Seite 4 geschilderte wird praktisch nur selten vorkommen. Sollten aber wirklich einmal trotz der Anregung des Gerichts die Parteien der Einführung eines Beweismittels in den Prozeß widersprechen, so leidet dann, wenn dadurch die materielle Wahrheit nicht an den Tag kommt, das öffentliche Interesse keinen Schaden. Nur soweit die Parteien streiten und vom Staat Schutz begehren, hat dieser ein Interesse an der Verwirklichung seiner Privatrechtsordnung. Das Gericht hilft den Parteien durch Ausübung seiner Initiativrechte. Wollen sie jedoch ein bestimmtes Beweismittel nicht benutzen, widersprechen sie z. B. übereinstimmend der Einnahme des Augenscheins, so entscheidet eben das Gericht, wenn es die Überzeugung von der Wahrheit der beweisdürftigen Behauptung nicht erlangt hat, gegen den Beweispflichtigen. Es ist durchaus angebracht, daß die Parteien letzten Endes den Umfang des Streit- und Beweisstoffes zu bestimmen haben, damit ihnen nicht die Prozeßführung in ihren privaten Angelegenheiten verleidet oder praktisch gar im Einzelfalle unmöglich gemacht werde.

Erforderlich aber ist, daß das Gericht von seinen Initiativrechten auch ausgiebigen Gebrauch macht. Es wird soviel darüber geklagt, daß das Gericht der Partei selbst zu fern stehe, immer auf den Anwalt angewiesen sei und daher oft der Partei Unrecht tue. Würde man das geltende Recht erschöpfen, so wären diese Klagen weit weniger berechtigt. Wie verhältnismäßig selten wird das persönliche Erscheinen der Parteien angeordnet! Dem Gericht ist die Möglichkeit gegeben, die Partei selbst zu befragen, über eine mangelhafte Information des Anwalts hinwegzukommen. Mancher umfangreiche Prozeß könnte durch persönlichen Verkehr des Richters mit der Partei auf wenige Streitpunkte zurückgeführt werden. Aber nur in den dringendsten Fällen werden die Parteien selbst vorgeladen, und noch seltener kommen sie ausgiebiger zu Wort. Die meisten Gerichte scheuen sich, infolge ihrer Überlastung mit der Partei selbst in zeitraubende Erörterungen einzutreten, nur zu Vergleichszwecken sind sie dazu geneigt. Ehe man nach Reformen verlangt, werde man sich erst einmal seiner Aufklärungspflicht, aller seiner Initiativrechte bewußt, wende das geltende Recht an und sehe zu, ob dann nicht ein großer Teil der Klagen über unseren heutigen Prozeß seinen Grund verliert.

Das Gericht hat auch Mittel genug an der Hand, Verschleppungen einer Partei entgegenzutreten. Einmal kann es nach § 279 (vgl. auch §§ 529 III, 540) nachträglich von dem Beklagten vorgebrachte Verteidigungsmittel auf Antrag zurückweisen, „wenn durch deren Zulassung die Erledigung des Rechtsstreits verzögert werden würde und das Gericht die Überzeugung gewinnt, daß der Beklagte in der Absicht, den Prozeß zu verschleppen, oder aus grober Nachlässigkeit die Verteidigungsmittel nicht früher vorgebracht hat“. Weiter hat nach § 95 das Gericht, und zwar von Amts wegen, der Partei die Kosten unter Abtrennung von den übrigen aufzuerlegen, die sie dadurch verursacht, daß sie „einen Termin oder eine Frist versäumt, oder die Verlegung eines Termins, die Vertagung einer Verhandlung, die Anberaumung eines Termins zur Fortsetzung der Verhandlung oder die Verlängerung einer Frist durch ihr Verschulden veranlaßt“. Solche Kosten können von Amts wegen nach § 102 auch dem Rechtsanwalt selbst auferlegt werden, wenn ihn grobes Verschulden trifft. Das

Gericht kann sogar, wenn die Partei oder ihr Vertreter schuldhaft den Prozeß verschleppt, von Amts wegen nach § 48 I GKG. (vgl. auch § 94 Z. 3 GKG.) die Erhebung einer besonderen Gebühr beschließen — ein erhebliches Machtmittel, von dem man wünschen kann, daß es in der Praxis mehr ausgenützt würde, als es tatsächlich geschieht.

Schließlich noch ein Wort über das Mündlichkeitsprinzip. Man glaube nur nicht, daß durch die Notwendigkeit einer mündlichen Verhandlung unvermeidlich der Fortgang des Prozesses gehemmt werde. Es steht dem nichts im Wege, daß der Richter, um eine Vertagung zu vermeiden, schon vor dem Termin dem Anwalt rechtzeitig mitteilt, welche Fragen er stellen wolle, über welche Punkte er noch Aufklärung wünsche. Dieses durchaus zulässige Verfahren ist schon von verschiedenen Seiten empfohlen worden. Die mündliche Verhandlung aber ist unentbehrlich und nicht durch ein rein schriftliches Verfahren zu ersetzen. In der mündlichen Verhandlung kann die Partei am besten auf das ihr Wesentliche hinweisen, am schnellsten die dem Richter unterlaufenen Mißverständnisse klarstellen. Auch wird durch die notwendige Verhandlung oft ein umfangreicher Streitstoff wider Erwarten auf wenige Streitpunkte zurückgeführt.

Von vielen Seiten wird ja die Notwendigkeit einer mündlichen Verhandlung anerkannt und nur ihre Ausgestaltung im geltenden Recht bekämpft. Auch diese Reformbestrebungen wären gegenstandslos, wenn man das geltende Recht weniger engherzig und energischer handhaben würde. Es muß bezweifelt werden, daß nach dem jetzigen Rechtsstand der gesamte Inhalt der vorbereitenden Schriftsätze mündlich vorgetragen werden müsse und nur der tatsächlich vorgetragene Stoff als Urteilsgrundlage dienen dürfe. Diese Forderung stellt die Prozeßordnung in ihrer heutigen Gestalt — leider wird das Gegenteil allgemein angenommen — keineswegs! Es ist nicht zu bezweifeln, daß der Richter verpflichtet ist, die vorbereitenden Schriftsätze zu lesen und den Inhalt sich anzueignen, er darf sich nicht etwa einfach auf die mündliche Verhandlung verlassen. Nach § 297 IV [1] nun brauchen die Anträge, wenn das Gericht zustimmt, aus den Schriftsätzen nicht mehr verlesen zu werden, es genügt die Bezugnahme, die Verweisung in der Verhandlung auf die Niederschrift. Der Antrag ist der Hauptinhalt des Schriftsatzes, nur zu seiner Begründung wird alles andere aufgeführt. Da in dem Plus das Minus enthalten ist, so ist nach § 297 IV eine Bezugnahme auch auf den übrigen Inhalt des Schriftsatzes zulässig [2]. Das Gesetz verlangt nicht, daß der Schriftsatz in allen seinen Einzelheiten und mit dem Nebensächlichen vorgetragen werde. Mit Zustimmung des Gerichts genügt der mündliche Vortrag der Hauptrichtlinien. Die mündliche Verhandlung ist zur Erläuterung des schriftlichen Materials und zur Aufklärung von Mißverständnissen und Widersprüchen da. Dieses Verfahren wird zwar in der Praxis immerfort geübt; man glaubt aber zu Unrecht, damit gegen das Gesetz zu verstoßen. Nach richtiger Auslegung des Ge-

[1] Dieser Absatz ist durch die Novelle vom 1. Juni 1909 eingefügt.

[2] Im amtsgerichtlichen Verfahren ist nach § 502 II bei Einverständnis sämtlicher Prozeßbeteiligten eine Bezugnahme nicht nur auf die vorbereitenden Schriftsätze, sondern auf jegliche „Schriftstücke“ überhaupt zulässig.

setzes können auch die in Schriftsätzen enthaltenen Angaben im Urteil verwertet werden, auf die in der Verhandlung mit Zustimmung des Gerichts nur Bezug genommen ist. Gegen diese extensive Auslegung des § 297 IV mag zwar seine Entstehungsgeschichte sprechen; daß aber die Motive allein für die Auslegung des Gesetzes nicht maßgebend sind, ist hinreichend oft ausgesprochen worden. Das Gesetz läßt eine Bezugnahme in dem wichtigsten Punkte des Schriftsatzes zu, folglich steht auch einer Verweisung in der Verhandlung auf minder wichtige schriftliche Anführungen nichts im Wege.

Die geltende Prozeßordnung gibt allen Prozeßbeteiligten viel Freiheit. Sie ist, wie jedes menschliche Werk, zwar nicht völlig frei von Mängeln und mag in Einzelheiten reformiert werden; in ihren Grundzügen aber ist sie ein treffliches Instrument sowohl für den eifrigen Anwalt als auch für den zielbewußten Richter[1].

§ 2.

Die Befugnis, auf einen richterlichen Eid unter bestimmten Voraussetzungen erkennen zu können, ein Initiativ-, kein Offizialrecht.

§ 475 lautet:

„Ist das Ergebnis der Verhandlungen und einer etwaigen Beweisaufnahme nicht ausreichend, um die Überzeugung des Gerichts von der Wahrheit oder Unwahrheit der zu erweisenden Thatsache zu begründen,

[1] Dieselbe Anschauung verficht letzthin wieder Wach, Grundfragen, S. 14 fg.

so kann das Gericht der einen oder der anderen Partei über eine streitige Thatsache einen Eid auferlegen."

Vergleichen wir den Wortlaut des § 475 mit dem Wortlaut der §§ 141—144. Hier: „das Gericht kann anordnen", dort: „das Gericht kann auferlegen". Auch § 475 enthält nicht die Worte „von Amts wegen" oder eine andere Ausdrucksweise, aus der zu schließen wäre, daß hier dem Gericht ein völlig freies Wahrheitserpressungsmittel eingeräumt werde. § 475 gibt dem Gericht ebensowenig wie die §§ 139, 141—144 ein Inquisitionsrecht. Wie schon seine Fassung zeigt, ist er mit diesen auf eine Stufe zu stellen, er gibt dem Gericht ein weiteres Initiativrecht, durch dessen Ausübung es im Rahmen der Dispositionsmaxime auf eine materiell richtige Entscheidung hinwirken soll. Nicht darf das Gericht ex officio, losgelöst von allen Schranken, der einen oder anderen Partei ohne weiteres einen richterlichen Eid auferlegen. Ein derartiges, die Dispositionsmaxime durchbrechendes Recht hätte der besonderen Hervorhebung bedurft, für seine Annahme müßten besondere Gründe vorhanden sein. Bei solch weitgehendem Offizialrecht bestände die Gefahr, daß der Partei leicht unrecht geschähe, daß sie in ihrer Verteidigung, in ihrem Rechte auf Gehör beschränkt würde. Das Gericht hat nur das Recht, das von den Parteien dargebrachte Beweismaterial durch Einführung eines richterlichen Eides zu ergänzen. § 475 legt dem Gericht ebenso wie die §§ 139, 141—144 die Pflicht auf, aus eigener Initiative den Parteien zu helfen. Ein formaler Antrag braucht der Auferlegung des richterlichen Eides nicht voranzugehen, eine Beweisantretung ist auch hier nicht erforderlich. Ist das Gericht sich seiner Befugnis aus § 475 nicht bewußt geworden, obwohl die Voraussetzungen zur Auferlegung eines richterlichen Eides vorhanden waren, so ist eine Gesetzvorschrift unbeachtet geblieben, also ein Revisionsgrund gegeben. War Veranlassung, zu erwägen, ob die Entscheidung auf einen richterlichen Eid abgestellt werden könne, so ist, wenn schließlich nicht auf den Eid erkannt worden ist, doch in den Gründen nach § 286 I 1 ausdrücklich hervorzuheben, daß die Eidesauflage in Erwägung gezogen ist, und es ist anzuführen, was davon abgehalten hat. Dies gilt dann, wenn irgendwie Zweifel bestehen, ob das Gericht sich seiner Befugnis aus § 475 bewußt geworden ist[1].

Auch § 475 gibt dem Gericht kein das Dispositionsprinzip durchbrechendes Offizialrecht, sondern nur ein Initiativrecht.

Daraus folgt einmal: **Das Gericht darf der Partei einen richterlichen Eid nicht gegen ihren ausdrücklichen Willen auferlegen.**

Zur Klarlegung der praktischen Bedeutung dieses Satzes diene folgendes Beispiel: Das Gericht ist entschlossen, der beweispflichtigen Partei einen Noteid zuzubilligen; alle für die Auflage erforderlichen Voraussetzungen[2] sind vorhanden. Die Partei, der der Wille

[1] RG. I. Senat vom 14. Januar 1885, Bd. 15 S. 340; RG. IV. Senat vom 7. Januar 1898, J. W. von 1898 S. 16 Nr. 9; RG. IV. Senat vom 15. März 1900 in der J. W. 1900 S. 311 Nr. 6; RG. VII. Senat vom 9. April 1901 in der J. W. 1901 S. 355 Nr. 8; RG. VII. Senat vom 6. Juni 1902 in der J. W. 1902 S. 395 Nr. 21; RG. IV. Senat vom 26. Februar 1906 in der J. W. 1906 S. 232 Nr. 17; RG. IV. Senat vom 11. Februar 1909 in der J. W. 1909 S. 195 Nr. 15; RG. VI. Senat vom 29. Oktober 1910 in der J. W. 1911 S. 53 Nr. 51.

[2] Vgl. die §§ 3 und 4 der Abhandlung.

des Gerichts im voraus bekannt geworden ist, erklärt aber vor der Auflage, sie leiste grundsätzlich keinen Eid[1], sie lehne daher die Vergünstigung der Eideszubilligung ab. Dann darf der Richter nicht etwa trotzdem auf den beabsichtigten Eid für den Beweisführer (zwecks Ermittlung der Wahrheit) erkennen. Er darf nicht unter der Bedingung, daß der Erfüllungseid nicht geleistet werde, zuungunsten der beweispflichtigen Partei entscheiden. Das wäre ein unzulässiger Zwang. Hat der Beweisführer dem Gegner über dasselbe Beweisthema einen Eid zugeschoben und dieser den Eid angenommen, so ist vielmehr im vorliegenden Falle trotz des grundsätzlichen Vorranges des richterlichen Eides vor dem Schiedseide[2] nicht auf den richterlichen Eid für den Beweispflichtigen, sondern auf den zugeschobenen Eid für die Gegenpartei zu erkennen. Denn § 475 gibt dem Gericht kein Offizial-, sondern nur ein Initiativrecht, das am entgegengesetzten Parteiwillen seine Schranke findet.

Gegen diese Ansicht kann man nicht etwa die Subsidiarität des Schiedseides gegenüber dem richterlichen Eid ins Treffen führen. Denn wie weit dieses Prinzip gilt, ist hier gerade die Frage. Auch das praktische Ergebnis der hier vertretenen Ansicht, daß in einem solchen Falle der Schiedseid dem richterlichen Eid vorgeht, ist durchaus glücklich: Die materielle Wahrheit würde durch die Auflage eines Noteides an den Eidesscheuen

[1] Dies ist nicht etwas ganz Ungewöhnliches. Im allgemeinen zwar drängen sich die Parteien nach dem Eide. Aber gerade unter den gebildeten Schichten sind die Leute nicht selten, die jeden Parteieid grundsätzlich ablehnen. — Wie die Zulässigkeit der Eideszurückschiebung zeigt, hat auch das Gesetz an die Eidesscheu gedacht.

[2] Vgl. § 6 der Abhandlung.

— der also den Eid sicher verweigern würde — mehr gefährdet als durch die Auflage des zugeschobenen Eides an den (weniger glaubwürdigen) Gegner. Denn dieser wird sich scheuen, einen falschen Eid zu leisten, nachdem er das Mißtrauen des Richters erkannt hat; er wird vielleicht aus Furcht vor einer Anklage den Eid verweigern[1], während durch die von vornherein feststehende Eidesverweigerung der glaubwürdigen eidesscheuen Partei die materielle Wahrheit vermutlich gebeugt würde. Für die Richtigkeit der verfochtenen Ansicht spricht schließlich auch folgende Erwägung: Die eidesscheue glaubwürdige Partei kann nicht dadurch ein Opfer ihrer Eidesscheu werden, daß sie einigen Beweis erbringt. Hätte sie überhaupt keinen Beweis geführt, so müßte zweifellos ihre Eideszuschiebung berücksichtigt werden.

Daraus, daß § 475 dem Richter nur ein Initiativrecht einräumt, ergibt sich weiter: Der richterliche Eid hat subsidiären Charakter. Das Gericht darf nicht Beweisantretungen des Beweisführers oder des Gegners beiseite schieben und ohne weiteres auf einen richterlichen Eid erkennen, selbst wenn es glaubt, durch ihn eine volle Überzeugung gewinnen zu können. Vielmehr hat es die angebotenen Beweismittel grundsätzlich zu erschöpfen. Bieten die Parteien ausreichendes Beweismaterial an, so bedürfen sie bei der Beweisführung keiner Hilfe durch den Richter. Die Einführung eines richterlichen Eides wäre in einem solchen Falle eine unzulässige, die Parteiherrschaft durchbrechende Handlung[2].

---

[1] Selbstverständlich kann er zurückschieben, wenn es nach § 448 überhaupt möglich ist.

[2] Ebenso die Motive zu den §§ 420, 421 (Hahn S. 340): „Vor

Der subsidiäre Charakter des richterlichen Eides läßt sich aber nicht bloß aus dem Wortlaut des § 475 in

Abschluß der Verhandlungen ist kein Raum für den richterlichen Eid als das letzte Mittel, die Wahrheit herauszubringen." Wach, Vorträge S. 233; Hellwig § 220 S. 738; Stein zu § 475 Anm. II; Planck § 128 S. 232; Weismann § 45a S. 117; Fitting § 77 S. 334; Schneider S. 162; vgl. auch die S. 45 zitierten Reichsgerichtsentscheidungen.

Anderer Ansicht: Seuffert zu § 475 Anm. 1: „Der richterliche Eid ist nicht, wie der zu- und zurückgeschobene Eid, ein subsidiäres Beweismittel, das erst nach Erledigung der anderen Beweismittel in Betracht kommt. Vielmehr kann das Gericht mit Hinwegsetzung über das Angebot anderer Beweismittel einen richterlichen Eid auferlegen, wenn es nach den Umständen glaubt, aus dem richterlichen Eid die Überzeugung von der Wahrheit oder von der Unwahrheit der streitigen Tatsachenbehauptung gewinnen zu können." Schmidt § 84 S. 538: „Das Gericht ist nicht gezwungen, vor dem Eid zunächst noch andere angetretene, aber unerhobene Beweismittel zu erheben. Der richterliche Eid ist also nicht, wie der zugeschobene, subsidiäres Beweismittel. Vielmehr steht es im freien Ermessen des Gerichts, ob es den unvollständigen Beweis durch Vernehmung der noch genannten Zeugen oder durch Auferlegung eines richterlichen Eides ergänzen will." Kleinfeller, Lehrbuch § 101 S. 391; Hellmann § 93 S. 593; Neukamp, Vormerkung zu dem zehnten Titel unter 2 c β; RG. I. Senat vom 20. April 1895 in Bd. 35 S. 111; RG. III. Senat vom 25. April 1902 in der J. W. 1902 S. 313 Nr. 18: „Da die Ausübung dieser Befugnis, wie das RG. in feststehender Rechtsprechung angenommen hat, nicht davon abhängig ist, daß die von der einen oder anderen Partei angetretenen Beweise erhoben sind, so durfte das BG. von der Erhebung der angebotenen Beweise Abstand nehmen und ohne weiteres einen richterlichen Eid derjenigen Partei auferlegen, durch deren eidliche Erklärung es die ihm noch fehlende volle Überzeugung von der Wahrheit des streitigen Vorgangs gewinnen zu können meint." Vgl. weiter RG. IV. Senat vom 15. März 1900 in der J. W. 1900 S. 311 Nr. 6; RG. V. Senat vom 27. Juni 1901 in der J. W. 1901 S. 574 Nr. 5; RG. VI. Senat von 29. Oktober 1910 in der J. W. 1911 S. 53 Nr. 51; OLG. Karlsruhe II. Senat vom 20. Februar 1880 bei Busch Bd. 3 S. 493 fg.

Verbindung mit den Grundregeln des Zivilprozeßrechts entnehmen, es spricht dafür weiter folgende Erwägung: Für einen richterlichen Eid ist kein Raum, wenn der Haupt- oder Gegenbeweis völlig gelungen ist. Auch daraus folgt: § 475 kann dem Gericht nicht die Pflicht nehmen, sämtliche angebotene Beweismittel zu berücksichtigen, die geeignet sind, ihm die volle Überzeugung zu verschaffen, die also die Auferlegung eines richterlichen Eides unmöglich machen. Reicht dagegen aller von den Parteien gebrachter Überzeugungsstoff nicht aus, so kann das Gericht einer Partei durch Zubilligung eines richterlichen Eides helfen. Das Gericht gibt der Partei den Vorteil, den Prozeß durch den Eid zu ihren Gunsten zu wenden. Die Partei ist aber nicht gezwungen, von der Vergünstigung Gebrauch zu machen. Der Eid ist keineswegs ein Mittel zur Erpressung der Wahrheit[1].

Schließlich, aber nicht zum Letzten, ist zum Beweise des subsidiären Charakters des richterlichen Eides § 477 III heranzuziehen:

„Der richterliche Eid wird durch bedingtes Urteil auferlegt[2].“

[1] Anderer Ansicht Schneider S. 164. Er sieht in der Auferlegung „einen Hochdruck zur Wahrheitsfeststellung“.

[2] Anders im Norddeutschen Entwurf § 610 Ziffer III: „Der richterliche Eid wird in der Regel durch bedingtes Endurteil auferlegt.“ Aber auch bei der Beratung dieser Vorschrift (vgl. die Protokolle zum Norddeutschen Entwurf S. 1031, 1032) ging die Ansicht vieler dahin, daß der richterliche Eid nur durch Urteil aufzuerlegen sei. Die Mehrheit entschied sich schließlich dafür, daß die Auflage auch durch Beschluß erfolgen könne. — Wach möchte de lege ferenda das Eidesurteil beseitigen und schlechthin durch den Eidesbeschluß ersetzen. Vgl. darüber näher S. 102 Anm.

Im Gegensatz zum Schiedseid kann der richterliche Eid nur durch Urteil auferlegt werden. Dadurch kommt scharf zum Ausdruck, daß der Richter in der Ausübung dieser Befugnis nicht frei gestellt sein soll. Erst am Schlusse der Verhandlungen ist Raum für die Auferlegungen eines richterlichen Eides, während der Schiedseid unter den Voraussetzungen des § 461 schon vor dem Erlaß des Urteils durch Beschluß auferlegt und sofort abgenommen werden kann. Zwar kann zur Entscheidung einzelner selbständiger Angriff- und Verteidigungsmittel auf einen richterlichen Eid auch durch Zwischenurteil erkannt werden (§ 461 II 1 in Verbindung mit § 477 I u. III)[1]). Aber auch das Zwischenurteil steht am Ende der Verhandlungen über die einzelnen selbständigen Angriffs- oder Verteidigungsmittel. Übrigens muß in dem letzteren Falle in dem (bedingten) Endurteil festgestellt werden, daß es für die Entscheidung auf den Eid noch ankommt. Stets erfolgt die Eidesleistung erst auf Grund eines rechtskräftigen bedingten Endurteils (§ 461 II 2).

Ist der richterliche Eid im ordentlichen Verfahren entgegen der Vorschrift des § 477 III durch Beschluß auferlegt worden, so kann dieser Verstoß nicht etwa nach § 295 I geheilt werden[2]. In § 477 III ist eine absolute Rechtsnorm zu sehen, auf deren Befolgung die Parteien wirksam nicht verzichten können (§ 295 II). Die Auflage des richterlichen Eides soll stets mit einer Ent-

---

[1] Dieses Verfahren ist übrigens wegen seiner Umständlichkeit ganz unpraktisch.

[2] Ebenso für den richterlichen Eid ausdrücklich Stein, Anm. III zu § 477. Scheinbar anderer Ansicht nebenher RG. VI. Senat vom 12. Januar 1903 in der J. W. 1903 S. 100 Nr. 13.

scheidung verbunden sein, erst am Ende der Verhandlung über die bestimmte Tatsache erfolgen. Überhaupt ist ein Verstoß gegen § 477 III nicht ein bloßer Verfahrensmangel. Durch § 477 III kommt der subsidiäre Charakter des richterlichen Eides zum Ausdruck. Wird dieser Eid durch Beschluß auferlegt, so besteht die Gefahr, daß er seiner Stellung als Hilfsmittel entkleidet wird, die Feststellung einer Tatsache in einer Art geschieht, die im Gesetz keine Grundlage findet. Dies ist nicht bloß ein rein formaler Mangel. auf den § 295 I selbst dann nicht anzuwenden wäre, wenn die Bestimmung des § 295 II fehlen würde. Haben die Parteien gezeigt, daß sie andere Beweismittel haben, so bedürfen sie keiner Hilfe. die auf richterlicher Initiative ruht. Selbst wenn die Parteien auf die übrigen von ihnen benannten Beweismittel nachträglich verzichtet haben. ist die Entscheidung wegen Verstoßes gegen eine nicht rein formale Vorschrift anfechtbar[1]. Jedoch ist von einer

[1] Anders ist es beim Schiedseid. Die Auferlegung eines Schiedseids durch Beschluß ist vom Gesetz nicht schlechthin untersagt; der Eidesbeschlufs ist nach § 461 zulässig. Ist der Schiedseid ohne weiteres durch Beschlufs auferlegt worden, so wird der Verstoß geheilt, wenn die Parteien sich nachträglich mit dem Eide einverstanden erklären. Anderer Ansicht sind: Fitting bei Busch Bd. 11 S. 7 Note 5 und Vierhaus a. a. O. S. 86. Zwar ist auch hier Fitting beizustimmen, daß es sich bei der Auflage durch Beschlufs ohne vorherige Einverständniserklärung nicht um einen rein formalen Verstofs handelt, es besteht auch beim Schiedseid die Gefahr, dafs das Gericht der Partei weitere Beweisantretungen abschneidet, daß die Feststellung einer Tatsache in einer Art geschieht, die im Gesetz keine Grundlage findet. Die Anwendung des § 295 ist ausgeschlossen. Trotzdem aber ist hier der Verstofs heilbar: Ergeht der Eidesbeschluß, und erklären die Parteien nachträglich ihr Einverständnis (§ 461 I), so sind die gesetzlichen Voraussetzungen für den Beschlufs

nochmaligen Leistung des Eides abzusehen, wenn schließlich auf denselben Eid durch Urteil erkannt wird. Eine nochmalige Leistung in solchem Falle wäre mit dem Charakter des Schwures unvereinbar[1].

Immerhin ist das Gericht trotz der Subsidiarität des richterlichen Eides nicht verpflichtet, vor der Auflage sämtliche Beweisantretungen zu berücksichtigen. Die Justizkommission des Reichstages beantragte urspünglich, dem § 419 folgenden Zusatz zu geben:

„Von dieser Befugnis darf erst dann Gebrauch gemacht werden, wenn die Beweisaufnahme sich auf die übrigen zulässigen Beweismittel, mit Ausnahme des zugeschobenen Eides, erstreckt hat[2]."

Der Antrag ist infolge des Widerspruches des Bundesrates nicht Gesetz geworden[3]. Das Gericht ist nicht formell gebunden, sämtlichen Beweisantretungen vorher nachzugehen, es kann ebenso wie sonst zwecklose übergehen. Das folgt aber schon aus seiner freien Beweiswürdigungsbefugnis.

Zwecklos ist eine Beweisaufnahme über unwesentliche Behauptungen, über Behauptungen, deren Feststellung für die Entscheidung ohne jede Bedeutung ist. Zwecklos ist ferner die Heranziehung eines Beweismittels, von dessen Untauglichkeit das Gericht schon aus dem bisherigen Prozeßergebnis völlig überzeugt ist. Zwecklos

— der zurückgenommen und von neuem erlassen werden kann — ex nunc vorhanden. Die Eideszuschiebung hat in der Hand der Partei keinen subsidiären Charakter; die Partei kann den Eidesbeweis unter Zurückziehung anderer Beweismittel antreten.

[1] RG. VI. Senat vom 16. November 1911 in der J. W. 1912 S. 199 Nr. 26 am Ende c. cit.

[2] Hahn Bd. 1 S. 668, 669; Bd. 2 S. 922, 1226.

[3] Vgl. Hahn S. 1265—67.

ist auch solche Beweisaufnahme, die zwar nicht gänzlich ergebnislos verlaufen, immerhin zweifellos so wenig Überzeugungsstoff liefern würde, daß auf den richterlichen Eid, dessen Auflage beabsichtigt ist, doch noch unverändert zu erkennen wäre. Auch derartige Beweisantretungen können übergangen werden[1]. Ein Zwang zur Aufnahme solcher Beweise würde ja nur zu einer nutzlosen Prozeßverzögerung führen.

Nicht zwecklos dagegen ist ein Beweis, durch den die Unglaubwürdigkeit der mit dem Eide zu bedenkenden Partei aufgedeckt werden soll. Ein Indizienbeweis, der für die Auswahl des iuraturus erheblich werden kann, darf nicht abgeschnitten werden[2].

Wenn ein für die Auferlegung eines richterlichen Eides ausreichendes Ergebnis bisher nicht vorhanden ist[3]), so hat das Gericht doch vor der Ablehnung einer Beweisantretung, auch einer solchen über Indizien, zu prüfen, ob nicht der angebotene Beweis zur Zubilligung

[1] Ebenso RG. V. Senat vom 9. Juni 1894 in der J. W. 1894 S. 425 Nr. 20; RG. V. Senat vom 27. Oktober 1897 in der J. W. von 1897 S. 605 Nr. 16; RG. VI. Senat vom 7. Juli 1904 in der J. W. 1904 S. 494 Nr. 22; RG. III. Senat vom 7. Mai 1895 in der J. W. 1895 S. 293 Nr. 6; RG. II. Senat vom 9. Januar 1906 in der J. W. 1906 S. 115 Nr. 18; RG. VII. Senat vom 2. April 1909 in der J. W. 1909 S. 325 Nr. 30; RG I. Senat vom 18. September 1909 in der J. W. 1909 S. 656 Nr. 6; RG. V. Senat vom 9. Juni 1894 bei Gruchot Bd. 39 S. 148 fg.; RG. III. Senat vom 26. Mai 1906 bei Gruchot Bd. 50 S. 947 fg.

[2] RG. VI. Senat vom 27. März 1899 in der J. W. 1899 S. 303 Nr. 8; RG. VI. Senat vom 7. Juli 1904 in der J. W. 1904 S. 494 Nr. 22; RG. VI. Senat vom 27. Oktober 1904 in der J. W. 1905 S. 26 Nr. 34.

[3] Vgl. den folgenden Paragraphen der Abhandlung.

eines richterlichen Eides führen kann[1]. Bejaht es diese Frage, so darf die Beweisaufnahme nicht abgelehnt werden, da sie ja für die Entscheidung vielleicht von Bedeutung ist.

§ 3.

Die Bedeutung der Beweislast und der Beweisergebnisse für die Zulässigkeit der Auferlegung eines richterlichen Eides.

Der Prozeß ist ein Kampf; zwei Parteien stehen vor dem Richter mit widerstreitenden Anträgen. Hat sich der Richter von der Wahrheit einer Behauptung nicht überzeugen können, so muß der Nachteil die eine oder die andere Partei treffen. Die Beweislast tragen die Parteien nicht gemeinsam, sie ist auch nicht schlechthin allein dem klagenden Teil aufgebürdet, sondern sie ruht bald auf der einen, bald auf der andern Seite. Die Verteilung der Beweislast macht sich immerfort im Prozeß geltend, sie ist auch bei Beantwortung der Frage, ob die Auferlegung eines richterlichen Eides zulässig ist, von einschneidender Bedeutung.

„Ist das Ergebnis der Verhandlungen und einer etwaigen Beweisaufnahme nicht ausreichend, um die (volle) Überzeugung des Gerichts von der Wahrheit oder Unwahrheit der zu erweisenden Thatsache zu begründen," so kann auf einen richterlichen Eid erkannt werden. Wenn man sich genau an den Wortlaut des Gesetzes hält, so kann man wohl zn dem Ergebnis kommen: Ein richterlicher Eid sei nur dann unmöglich,

---

[1] RG. I. Senat vom 21. November 1883 in Bd. 14 S. 327; RG. VII. Senat vom 22. November 1900 in der J. W. 1900 S. 828 Nr. 5.

wenn das Gericht von der Wahrheit des Beweisthemas oder von seiner Unwahrheit voll überzeugt sei. In allen anderen Fällen könne auf einen richterlichen Eid erkannt werden. Insbesondere bedürfe es nicht des Vorhandenseins einiger Wahrscheinlichkeit zugunsten des Beweispflichtigen[1]. Ja, der Wortlaut des Gesetzes hat sogar

[1] Diese Ansicht vertritt Hellwig § 220 S. 737: „Ausgeschlossen ist der richterliche Eid nur dann, wenn die Behauptung nicht wahr sein kann oder für das Gericht nach dem Prozeßergebnisse bereits als wahr oder unwahr feststeht. Trifft weder das eine noch das andere zu, so steht es im Ermessen des Gerichts, entweder dem Beweisführer den sogenannten Ergänzungseid oder dem Gegner den sogenannten Reinigungseid aufzuerlegen.“ S. 738: „Verständlich wird dieser neue Standpunkt der CPO. dann, wenn man daran festhält, daß auch im Zivilprozesse die Ermittlung des wahren Sachverhalts und die Fällung eines richtigen Urteils das Ziel ist.“ Ebenso RG. I. Senat vom 20. April 1895 in Bd. 35 S. 110: „Die von der Revision vertretene Ansicht, daß die Auferlegung eines richterlichen Eides nur zulässig sei, wenn bereits einiger Beweis oder eine gewisse Wahrscheinlichkeit vorliege, kann nicht gebilligt werden. Der § 437 CPO. setzt lediglich voraus, daß das Ergebnis der Verhandlungen und einer etwaigen Beweisaufnahme nicht ausreichend ist, um die Überzeugung des Gerichts von der Wahrheit oder Unwahrheit der zu erweisenden Thatsache zu begründen, und dies trifft auch dann zu, wenn überhaupt keine Beweisaufnahme stattgefunden, oder eine solche kein Ergebnis geliefert hat, und auch die Verhandlungen ein ganz negatives Ergebnis geliefert haben. Es ist dies, wie die Motive zu § 419 des Entwurfes ergeben, eine bewußte, auf dem vom Gesetzgeber angenommenen Prinzipe der freien richterlichen Beweiswürdigung beruhende Abweichung von dem früheren gemeinen Prozeßrechte, nach welchem der richterliche Eid zur Ergänzung oder zur Beseitigung der Ergebnisse eines vorliegenden unvollständigen Beweises diente.“ — Die Anschauung, daß die Auferlegung eines richterlichen Eides das Vorhandensein einiger Wahrscheinlichkeit zugunsten des Beweisbelasteten voraussetze, hat derselbe (erste) Senat nochmals zurückgewiesen in einer Entscheidung vom 5. Januar 1910. Vergleiche den Nachweis bei Warneyer, Jahrbuch der Entscheidungen Jahrgang 1912, zu

zu der Auffassung geführt, für einen richterlichen Eid sei Raum, wenn zugunsten des Beweispflichtigen sich nichts ergeben habe, eine gewisse Wahrscheinlichkeit aber für die Unwahrheit der beweisbedürftigen Behauptung vorhanden sei[1]. „Ist das Ergebnis . . . nicht ausreichend, um die Überzeugung des Gerichts von der . . . Unwahrheit . . . zu begründen, . . .“

Wenn das Gericht in der Ausübung des ihm im § 475 gegebenen Rechtes so frei gestellt wäre, verdiente die Befugnis in der Tat die Bezeichnung „Offizialrecht“. Sie würde die Parteiherrschaft ganz erheblich beschränken. Selbst wenn gar kein Überzeugungsstoff vorhanden ist, brauchte der Richter nicht den formalen Satz: „actore non probante reus absolvitur“ anzuwenden; er könnte zwecks Feststellung des wahren Sachverhalts der einen oder der andern Partei ganz nach Belieben einen Eid auferlegen! Eine Verteilung der Beweislast wäre dann im Zivilprozeß vielfach entbehrlich. Die Entscheidung würde häufig allein auf rein subjektiven, sich der Nachprüfung entziehenden Empfindungen des Richters beruhen.

Im gemeinen Recht war Voraussetzung für die Auferlegung eines notwendigen Eides, daß eine Beweis

§ 475 Nr. 3. Die Ansicht teilen weiter nebenher RG. VI. Senat vom 29. Oktober 1910 in der J. W. von 1911 S. 53 Nr. 51; das Bayerische Oberste LG. I. Senat vom 5. November 1903 in S.A. Bd. 59 Nr. 47; Peschel S. 85; unentschieden RG. IV. Senat vom 15. März 1900 in der J. W. 1900 S. 311 Nr. 6 a. E.

[1] So Bolgiano, Handbuch S. 510 fg. und an den übrigen angeführten Orten. Unentschieden der I. Senat des Reichsgerichts in der oben zitierten Entscheidung Bd. 35 S. 110: „Die Beantwortung der streitigen Frage, ob auf einen richterlichen Eid auch erkannt werden dürfe, wenn zugunsten des Beweispflichtigen nichts und zugunsten des Gegners etwas bewiesen sei, kann hier dahingestellt bleiben, da dieser Fall nicht vorliegt.“

aufnahme stattgefunden und sie den Richter nicht vollständig überzeugt hatte; bei gänzlicher Ergebnislosigkeit der Beweisaufnahme dagegen konnte nicht auf einen richterlichen, sondern nur auf den etwa zugeschobenen Eid erkannt werden[1].

Der code civil bestimmt in Art. 1367:

„Le juge ne peut déférer d'office le serment, soit sur la demande, soit sur l'exception qui y est opposée, que sous les deux conditions suivantes: il faut,

1. Que la demande ou l'exception ne soit pas pleinement justifiée;

2. Qu'elle ne soit pas totalement dénuée de preuves.

Hors ces deux cas, le juge doit ou adjuger ou rejeter purement et simplement la demande."

Demnach ist auch nach dem französischen Recht der Richter bei der Auflage eines Noteides nicht völlig freigestellt. Die Eideszubilligung ist nur möglich, wenn das Beweisthema nicht jeder Wahrscheinlichkeit bar ist; es muß ein unvollkommener Hauptbeweis vorhanden sein, bei gänzlicher Beweislosigkeit dagegen ist unbedingt zu entscheiden.

§ 608 des Norddeutschen Entwurfes stimmt im Wortlaut fast mit § 475 überein:

„Hält das Gericht das Ergebnis der Verhandlungen und einer etwaigen Beweisaufnahme nicht für ausreichend, um die Überzeugung von der Wahrheit oder Unwahrheit der zu erweisenden Thatsache zu begründen, so kann es der einen oder der anderen Partei über die

[1] Wetzell § 26 S. 276.

Wahrheit oder Unwahrheit einer streitigen Thatsache einen Eid auferlegen (richterlicher Eid)."

Diese neuere Gesetzgebung will nicht in Abweichung von der bisherigen Rechtsentwicklung dem richterlichen Eid eine selbständige Stellung geben; der richterliche Eid ist vielmehr auch jetzt noch bloß ein Ergänzungseid, ein Noteid, auf den nur mangels weiteren materiellen Beweises erkannt werden darf; er ist nicht, wie der Schiedseid, ein Haupteid, ein völlig selbständiges Beweismittel. Der Richter kann nicht ohne Rücksicht auf die Beweislast und ohne jede sonstige Beschränkung auf den Noteid erkennen.

Mit dieser Anschauung stehen auch die Motive im Einklang. Dort wird zu § 419 (jetzt § 475) der Zivilprozeßordnung ausgeführt[1]:

„Nach gemeinem Prozeßrechte dient der richterliche Eid zur Ergänzung oder zur Beseitigung der Ergebnisse eines unvollständigen Beweises; die Auferlegung des richterlichen Eides setzt voraus, daß eine Beweisführung erfolgt ist. Diese Auffassung, welche auch den neueren deutschen Prozeßgesetzen und Entwürfen — mit Ausnahme des Norddeutschen Entwurfs § 633 — zu Grunde liegt, ist durch die Annahme des Grundsatzes der freien richterlichen Beweiswürdigung unhaltbar geworden. Denn, consequent durchgeführt, fordert dieser Grundsatz, daß dem Richter die Befugnis erteilt werde, ohne vorgängige Beweisaufnahme, schon auf Grund der vor ihm stattgehabten Verhandlungen einen Eid aufzuerlegen, fordert ferner, daß, wenn das Ergebnis der Verhandlungen und einer etwaigen

[1] Hahn S. 340.

Beweisaufnahme nicht ausreicht, die Überzeugung des Gerichts von der Wahrheit oder Unwahrheit der zu erweisenden Thatsache zu begründen, dem freien richterlichen Ermessen überlassen werde, zu bestimmen, welcher Partei und über welche streitige Thatsache der Eid aufzuerlegen sei."

Damit ist gesagt, daß die Eidesauflage eine Beweisaufnahme nicht mehr zur Voraussetzung hat, wie auch der Wortlaut des § 475 ergibt: „Etwaigen Beweisaufnahme." Auf diesen Unterschied vom gemeinen Recht wird hingewiesen. Weiter heißt es in den Motiven zu den §§ 241, 245, 246 unter Ziffer 3[1]:

„Die Regelung der Beweislast erfolgt erst durch Urtheil, wenn es derselben bedarf. Ein solches Bedürfniß wird sich in sehr vielen Fällen gar nicht geltend machen. Führt nämlich die Verhandlung oder die Beweisaufnahme oder beides zusammen zu dem Ergebnisse, daß die streitige Thatsache oder daß das Gegentheil derselben bewiesen ist, so ist eine Entscheidung über die Beweispflicht nicht erforderlich. Dasselbe gilt, wenn soviel bewiesen ist, daß das Gericht zur Auferlegung eines Eides gelangt; denn die Entscheidung darüber, wem ein richterlicher Eid aufzuerlegen sei, ist nach Vorschrift des § 419 von der Beantwortung der Frage, wer zu beweisen habe, unabhängig. Notwendig wird dagegen die Regelung der Beweislast, wenn in Betreff der streitigen Thatsache nichts bewiesen ist, weil in diesem Falle die Sätze: actore non probante reus absolvitur und reus excipiendo actor fit platzgreifen."

[1] Hahn S. 271.

Aus diesen Stellen kann nicht, wie es geschehen ist[1], herausgelesen werden, bei Beantwortung der Frage, ob ein richterlicher Eid auferlegt werden könne, sei die Verteilung der Beweislast nicht zu berücksichtigen. Denn die Frage, ob ein Eid zugebilligt werden könne, ist die Vorfrage, jene Bemerkung der Motive bezieht sich aber nur auf die Nachfrage, wem der Eid aufzuerlegen sei. Die Motive sagen nur, bei der Auswahl der Partei, der der richterliche Eid zuzusprechen sei — die Vorfrage ist also schon bejaht worden —, sei die Verteilung der Beweislast unerheblich[2]. Ist dagegen für die Wahrheit der streitigen Behauptungen nichts erwiesen, so ist auch nach den Motiven für einen richterlichen Eid kein Raum, entscheidend allein ist dann die Beweislast.

Dahin geht auch die in der Literatur überwiegend vertretene Anschauung. Folgendermaßen pflegt der Wortlaut des § 475 gedeutet zu werden: Die Voraussetzung für die Auferlegung eines richterlichen Eides ist, daß das Ergebnis der Verhandlungen und einer etwaigen Beweisaufnahme für die Begründung einer Überzeugung nicht ausreichend ist. Einiger Überzeugungsstoff muß also vorhanden sein: denn ein nicht ausreichendes Ergebnis ist mehr als kein Ergebnis. Hat sich aber für den Beweispflichtigen nichts und nur zugunsten des Gegners einige Wahrscheinlichkeit ergeben, so ist die Auflage eines richterlichen Eides unzulässig: Die Lage des Gegners kann nicht dadurch verschlechtert werden, daß er Gegenbeweis führt und der nicht ganz gelingt. Es kann also zu einem richterlichen Eide nur

[1] Insbesondere Bolgiano a. a. O.

[2] Vgl. darüber S. 60 fg.

kommen, wenn einiger Hauptbeweis (= Wahrheitsbeweis) vorhanden ist[1].

Der Wortlaut des Gesetzes ist irreführend. Wollte man sich genau an ihn halten, so würde man in der Tat mit Bolgiano zu dem widersinnigen Ergebnis kommen, daß die Auflage eines Noteides selbst dann zulässig sei, wenn nur ein unvollständiger Unwahrheitsbeweis, also nur einiger Gegenbeweis, vorhanden ist. Denn ein Beweis, der zum Ziele hat, den Richter von der Unwahrheit der zu erweisenden Behauptung zu überzeugen, ist stets ein Gegenbeweis[2]. Das ergibt sich aus Folgendem:

Oft ist das Vorhandensein negativer Tatsachen zu behaupten und zu beweisen. So hat z. B. der Kläger, der sich auf das Zustandekommen eines Vertrages stützt, nach richtiger Ansicht zu behaupten und zu beweisen (außer dem Zustandekommen des Vertrages) die Tatsache, daß der Vertrag ursprünglich nicht an Bedingungen geknüpft war, er hat zu beweisen den bedingungslosen Abschluß des Vertrages. Der Beweis der Negative kann nur in bestimmten Grenzen verlangt werden. Der Beweispflichtige wird meist zur ausdrücklichen Aufstellung der negativen Behauptung nur dadurch gezwungen, daß der Gegner positiv das Gegenteil behauptet, z. B. angibt, der Vertrag sei von vornherein bedingt abgeschlossen

[1] So die Kommentare zu § 475 und die Lehrbücher, außer Hellwig und Bolgiano. Im Gegensatz zu den oben S. 47/48 zitierten Reichsgerichtsentscheidungen stehen mit dieser Anschauung im Einklang: RG. I. Senat vom 24. Oktober 1885 in S.A. Bd. 41 Nr. 150; RG. IV. Senat vom 7. Juni 1888 in Bd. 21 S. 374; RG. VI. Senat vom 24. März 1902 in der J. W. 1902 S. 250 Nr. 7; RG. IV. Senat vom 25. September 1902 in der J. W. 1902 S. 544 Nr. 4.

[2] Anderer Ansicht Kuhn S. 40 fg.

worden. Fast immer handelt es sich bei negativen Beweisthemen um facta propria für den Nichtbeweispflichtigen. Da genügt es nicht, daß dieser, um bei dem Beispiel zu bleiben, angibt, der Vertrag sei an irgendeine Bedingung geknüpft worden, er muß vielmehr die Bedingung genau bezeichnen; widrigenfalls gilt nach § 138 II die Fiktion des Zugeständnisses. Denn als bestritten ist die negative Behauptung des Beweisführers nur dann anzusehen, wenn der Gegner bei facta propria durch positive Gegendarstellung sich erklärt [1] (§ 138 III). Von dem Beweisführer ist in diesen Fällen nur zu verlangen, daß er die Unwahrheit der positiven Gegenerklärung nachweist. Dieser Hauptbeweis ist aber kein Unwahrheits-, sondern ein Wahrheitsbeweis. Gelingt er, so ist die Wahrheit der zu erweisenden Tatsache dargetan, der Richter hat sich davon überzeugt, daß der Vertrag ursprünglich bedingungslos abgeschlossen worden ist. Es steht außer Zweifel, ein Hauptbeweis im Sinne des § 475 ist stets ein Wahrheits-, nie ein Unwahrheitsbeweis.

Der Wortlaut des § 475 findet im Folgenden seine Erklärung: Man sagt wohl, das Gericht habe nach freier Überzeugung zu entscheiden, ob eine streitige Behauptung wahr oder unwahr sei. Diese Ausdrucksweise ist nicht ganz scharf. Es kommt im Zivilprozeß niemals darauf an, daß sich der Richter von der Unwahrheit der zu erweisenden Behauptung überzeugt. Für die Entscheidung ist allein von Bedeutung, daß er die Überzeugung von der Wahrheit des Beweisthemas gewinnt. Wenn er von der Wahrheit nicht überzeugt ist, so hat

[1] Darauf weist Langheineken in dem Druckbogen zu seiner Zivilprozeßvorlesung besonders hin.

er gegen den Beweispflichtigen in gleicher Weise zu erkennen, wie wenn er von der Unwahrheit des Beweisthemas überzeugt wäre. Darin besteht ja gerade das Wesen der Beweislast. Genau ist also zu sagen: Das Gericht hat zu entscheiden, ob die streitige Behauptung erwiesen oder nicht erwiesen ist. Bestrittene, aber nicht bewiesene Behauptungen gelten ohne weiteres für nicht wahr, der Nachweis der Unwahrheit ist nicht erforderlich. Die lässige Ausdrucksweise hat auch in das Gesetz Eingang gefunden. In § 286 I heißt es:

„Das Gericht hat unter Berücksichtigung des gesamten Inhalts der Verhandlungen und des Ergebnisses einer etwaigen Beweisaufnahme nach freier Überzeugung zu entscheiden, ob eine thatsächliche Behauptung für wahr oder für nicht wahr zu erachten sei.“

Die Worte „für wahr oder für nicht wahr“ stehen für die Worte „für erwiesen oder für nicht erwiesen“. Derselbe Ausdrucksfehler kehrt in § 475 wieder: Hier wird gesprochen von der Überzeugung der Wahrheit oder Unwahrheit. Damit soll gesagt werden, daß auf einen richterlichen Eid nicht erkannt worden kann, wenn das Gericht von der Unwahrheit der beweisbedürftigen Behauptung bereits positiv überzeugt ist[1]. Schärfer und unzweideutig würde die Fassung, wenn

[1] Ebenso insbesondere Planck § 128 S. 329 Anmerkung 6: „Die Worte in CPO. § 437 sagen nicht, dafs das Gericht überall, wo das beigebrachte Material nicht ausreicht, um seine Überzeugung entweder von der Wahrheit oder von der Unwahrheit der zu erweisenden Thatsache zu begründen, einen Eid auferlegen könne, sondern sie sagen nur, daß es einen Eid nicht auferlegen könne, wenn das Material ausreicht, um seine Überzeugung von der Wahrheit oder Unwahrheit zu begründen.“ — Vgl. weiter Rosenberg S. 9 fg.

man die Worte „oder Unwahrheit“ in § 475 überhaupt striche[1].

Voraussetzung für die Eidesauflage ist nach alledem, daß einiger Hauptbeweis vorhanden ist. Wie schon die Motive hervorheben, setzt aber die Zubilligung eines richterlichen Eides zum Unterschiede vom gemeinen Rechte eine Beweisaufnahme nicht voraus („etwaigen Beweisaufnahme“). Der unvollkommene Hauptbeweis kann aus den Verhandlungen und einer Beweisaufnahme oder aus den Verhandlungen allein gewonnen werden. Auch die bloßen Verhandlungen können Beweismaterial, Überzeugungsstoff liefern.

Überzeugungsgründe fließen entweder von Beweismitteln ab, diese nennt man Beweisgründe — sie werden durch eine Beweisaufnahme gewonnen —, oder die Überzeugungsgründe ruhen auf bewiesenen oder unbestrittenen Tatsachen, von denen man nach der Lebenserfahrung auf die unmittelbar erhebliche Tatsachenbehauptung Schlüsse ziehen kann. Diese für den Prozeß nur mittelbar bedeutsamen Tatsachen nennt man Indizien. Die Indizien sind also die Überzeugungsgründe, die nicht Beweisgründe sind. Ist die Indizienbehauptung bestritten, so muß sie der Beweisbelastete beweisen, wenn das Indiz als Überzeugungsquelle dienen soll; die Indizienbehauptung ist in diesem Falle Beweisgegenstand. Diesen Beweis nennt man daher indirekten Beweis. Ist die Indizienbehauptung unbestritten, so bedarf sie keines Beweises, der Richter hat die mittelbar erhebliche Tatsache als feststehend seinem Urteile zugrunde zu legen und zu prüfen, was an Überzeugungsstoff nach den Er-

[1] Ebenso ausdrücklich Rosenberg S. 20 Anmerkung 3.

fahrungsregeln sich daraus für das Beweisthema ergibt. Die Einführung des Indizes in den Prozeß, die Indizienbehauptung also, verbunden mit dem Zugeständnis des Gegners, ist Inhalt der Verhandlungen genau so gut wie das Ergebnis einer Beweisaufnahme. Die sich aus dem Indiz, das der Richter als wahr zu behandeln hat, ergebenden Überzeugungsgründe für die Wahrheit der unmittelbar erheblichen Tatsachenbehauptung sind ein Ergebnis der bloßen Verhandlungen. Dabei ist zu bedenken: Der Gegner kann zugeben die Richtigkeit der Indizienbehauptung, z. B. kann er zugeben die Tatsache des außergerichtlichen Geständnisses, d. h. die Abgabe des Geständnisses, ohne zuzugeben die Wahrheit der unmittelbar erheblichen Behauptung, im Beispiel: die Richtigkeit des Geständnisses, d. h. seinen Inhalt. Das Zugeständnis des Indizes ist wohl zu unterscheiden von dem Zugeständnis der unmittelbar erheblichen Behauptung, die aus dem Indiz zu erschließen ist. Liegt das letztere, ein Zugeständnis der zu erweisenden Tatsachenbehauptung innerhalb des Prozesses vor, so ist diese nach § 288 I unmittelbar für den Prozeß als festgestellt anzusehen und bedarf überhaupt keines Beweises.

Ist nun ein unvollkommener Hauptbeweis — mag er durch die Verhandlung allein oder durch die Verhandlung und eine Beweisaufnahme gewonnen sein —, die Voraussetzung für die Eidesauflage, vorhanden, so muß das Gericht prüfen, ob es die Entscheidung auf den Noteid abstellen will. Hat das Gericht seine Befugnis aus § 475 übersehen, so ist ebenso wie bei Verletzung des § 139 ein Revisionsgrund vorhanden[1]. Kommt das

[1] Vgl. S. 37 der Abhandlung und die dort zitierten Reichsgerichtsentscheidungen.

Gericht nun bei seinen Erwägungen zu dem Ergebnis, daß dem Noteide eine Überzeugungskraft nicht beizumessen sei, so hat die Auflage zu unterbleiben. Das Gericht ist nie gezwungen, auf einen Eid zu erkennen[1]. Im Gegensatz zu § 139 heißt es im § 475 nicht: das Gericht „hat", sondern „kann" einen Eid auferlegen. Das Gericht hat den Beweiswert des Eides frei zu würdigen[2]. Nur muß die Beweiswürdigung beim Noteid zum Unterschiede von allen anderen Beweismitteln der Beweisanordnung, der Eidesauflage vorangehen.

§ 4.

Die Bedeutung der Beweislast und der Beweisergebnisse für die Auswahl des Juraturus.

Nach dem Voranstehenden sind zwei Fälle denkbar, bei denen in thesi auf einen richterlichen Eid erkannt werden kann: 1. Es ist nur ein unvollkommener Hauptbeweis und kein Gegenbeweis vorhanden. 2. Es ist sowohl ein unvollständiger, durch richterlichen Eid ergänzungsfähiger Haupt-, als auch ein unvollkommener, durch Noteid ergänzungsfähiger Gegenbeweis vorhanden. Dabei ist zu bedenken: Ein unvollständiger Beweis, der so gering ist, daß er keinen Anlaß zur Auflage eines Noteides bietet, steht der völligen Beweislosigkeit gleich.

---

[1] Anderer Ansicht Bolgiano a. a. O. und neuerdings auch Laubhardt a. a. O. Gegen diesen hat Link a. a. O. in dem im Text vertretenen Sinne Stellung genommen.

[2] Trotzdem ist der richterliche Eid ein rein formales Beweismittel. Vgl. § 7 S. 77.

Zu 1.: Ist nur ein unvollkommener Hauptbeweis vorhanden, so kann nur dem Beweisbelasteten ein Ergänzungseid, ein iuramentum suppletorium, auferlegt werden. Bevor das Gericht auf den Eid erkennt, hat es also die Verteilung der Beweislast zu entscheiden. Kommt es dabei zu dem Ergebnis, daß es sich von dem Erfüllungseid des Beweisbelasteten eine Vervollständigung der nicht ausreichenden Überzeugung nicht verspricht, so ist überhaupt kein Raum für einen richterlichen Eid. Das Material, das für die Wahrheit des Beweisthemas spricht, ist dann zu gering, um die Auflage zu ermöglichen, die Voraussetzung für die Zuerkennung eines Eides liegt in concreto nicht vor; vielmehr ist das Beweisthema als nicht wahr anzunehmen. Es wäre eine Härte für den Gegner, wollte man ihm unter Verkennung der Beweislastverteilung zur Zerstörung des unvollständigen Hauptbeweises, der nicht ergänzt werden kann, einen Reinigungseid, ein iuramentum purgatorium, auferlegen.

Ein Beispiel: Der Kläger behauptet den bedingungslosen Abschluß eines Vertrages. Er ist dafür beweispflichtig. Der Beklagte macht geltend, der Vertrag sei unter der Bedingung x abgeschlossen. Es ist einige, aber nur geringe Wahrscheinlichkeit dafür vorhanden, daß die Behauptung des Beklagten unwahr sei. Das Gericht kommt zu dem Schluß, der Kläger könne durch seinen Eid darüber, daß der Vertrag nicht an die Bedingung geknüpft sei, die unvollständige Überzeugung nicht ergänzen, er sei nicht glaubwürdig genug. Der zugunsten des beweispflichtigen Klägers vorhandene Beweisstoff ist also zu gering. Es wäre eine Härte für den Beklagten, wollte das Gericht ihm den Reinigungseid dahin auferlegen, daß die Vereinbarung nur unter der bestimmten Bedingung getroffen, die Behauptung des Klägers also unwahr sei. Vielmehr hat in diesem Falle ohne weiteres die Regel in Anwendung zu treten: Nicht bewiesene bestrittene Behauptungen gelten für nicht wahr. Der Kläger hat die Folgen seiner Beweisfälligkeit zu tragen, wenn er sich nicht zur Eideszuschiebung entschließt.

Zu 2.: Es ist sowohl ein durch Noteid ergänzungsfähiger unvollständiger Haupt-, als auch ein unvollständiger ergänzungsfähiger Gegenbeweis vorhanden. In diesem, aber auch nur in diesem Falle kann die Verteilung der Beweislast unberücksichtigt bleiben.

Bei dieser Prozeßlage fragt es sich nun: Ist auf den Erfüllungs-, oder den Reinigungseid zu erkennen, welche Partei steht dem Eide näher? Bei der Beantwortung dieser Frage, bei der Auswahl der Partei spielt die Verteilung der Beweislast keine Rolle[1]. Denn der Noteid soll auf die Überzeugung des Gerichts einwirken. Ausschlaggebend sind daher nur Momente, die bei der Beweiswürdigung Bedeutung haben[2]; hierbei kommt aber die Verteilung der Beweislast nicht mehr in Frage.

Derjenigen Partei ist der Eid zuzubilligen, zu deren Gunsten der meiste Überzeugungsstoff vorhanden ist. Dabei ist nicht der Überzeugungsstoff, der für die

[1] Unbestritten. So schon die Motive (siehe S. 51 fg. der Abhandlung). Vergleiche auch RG. IV. Senat vom 7. Juni 1888 in Bd. 21 S. 374; RG. IV. Senat vom 8. November 1888 bei Gruchot Bd. 33 S. 1175; RG. IV. Senat vom 2. April 1894 in der J. W. von 1894 S. 279 Nr. 7; RG. IV. Senat vom 25. September 1902 in der J. W. 1902 S. 544 Nr. 4; RG. III. Senat vom 5. Januar 1905 in der J. W. 1905 S. 153 Nr. 39.

[2] RG. III. Senat vom 23. Juni 1893 in S.A. Bd. 49 Nr. 216.

Glaubwürdigkeit der Partei spricht, dem sonstigen Überzeugungsstoff, gewonnen durch die Verhandlungen und eine etwaige Beweisaufnahme, gegenüberzustellen und gesondert zu betrachten. Auch die Indizien für die größere oder geringere Glaubwürdigkeit der Partei liefern Beweisstoff für die Wahrheit oder Unwahrheit des Beweisthemas. Die Frage kann daher nicht lauten. wie sie meist gefaßt wird: Ist die Glaubwürdigkeit der Partei oder das Maß des bisher erbrachten Beweises für die Auswahl maßgebend? Es ist nicht angängig, wie es die herrschende Lehre will[1], zunächst nur einen Teil des Beweisergebnisses, die Vertrauenswürdigkeit, zu prüfen, und erst, wenn die Verhältnisse hierin für keinen Teil günstiger sind. auch das übrige Beweisergebnis heranzuziehen. Gerade durch die Heranziehung des übrigen Beweisergebnisses kann ja das Maß des der Partei zu schenkenden Vertrauens steigen oder sinken. Das Gericht hat zu entscheiden nach dem gesamten Inhalt der Verhandlung und einer etwaigen Beweisaufnahme. Die etwa für den Beweisbelasteten sprechende größere Glaubwürdigkeit ist zugleich ein Indiz für die Wahrheit der beweisbedürftigen Behauptung. Der gesamte Überzeugungsstoff auf der einen oder anderen Seite bildet je ein Ganzes. Der Eid ist der Partei zuzusprechen, die bei dieser einheitlichen Betrachtung den meisten Überzeugungsstoff für sich hat[2]. Die Vertrauenswürdigkeit der Partei gleichzeitig mit dem

[1] Vergleiche die Kommentare und Lehrbücher. Neuerdings auch Levin S. 163. Auch das RG. hält die bloße Berücksichtigung der Vertrauenswürdigkeit für zulässig. Vgl. RG. III. Senat vom 11. November 1902 in der J. W. 1903 S. 8 Nr. 16; RG. VI. Senat vom 6. Juli 1912 in S.A. Bd. 68 Nr. 26.

[2] Ebenso Langheineken in seiner Zivilprozeßvorlesung.

Maß des übrigen von ihr erbrachten Beweises ist bei der Auswahl zu berücksichtigen.

Immerhin ist für den Umfang dieses gesamten bisherigen Beweises auf jeder Seite neben dem übrigen gewonnenen Beweisstoff die der Partei beizumessende Glaubwürdigkeit von großem Einfluß. Was kann nun als Indiz für die größere oder geringere Gewissenhaftigkeit einer Partei in Betracht kommen?

Ein schlechtes Licht auf ihre Glaubwürdigkeit wirft z. B. die Tatsache, daß sie einen Zeugen zu beeinflussen gesucht, erhebliche Urkunden vernichtet oder die Vorlegung verweigert, daß sie offenbar Irrelevantes mit persönlicher Spitze vorgetragen hat. Zu ihren Gunsten spricht, wenn sie im Laufe des Prozesses in allen anderen Punkten keine leichtfertigen Behauptungen aufgestellt hat, sondern bewiesenermaßen gewissenhaft und vorsichtig zu Werke gegangen ist, vielleicht selbst zu ihren Ungunsten sprechende Behauptungen unbestritten gelassen hat, deren Beweis schwierig oder überhaupt nicht möglich ist. Unter Umständen kann entscheidend sein, daß die eine Partei die Tatsachen auf Grund eigener Wahrnehmung kennt, also in der Wahrheitsform schwören muß [1], die andere dagegen ihre Wissenschaft erst aus dritter Hand hat [2]. Weiter kann für die Glaubwürdigkeit die Lebensstellung der Partei in Betracht kommen.

Dagegen ist die Tatsache, daß auf der einen Seite die Partei steht, auf der anderen der gesetzliche Ver-

[1] Vgl. S. 92 fg. der Abhandlung.

[2] RG. II. Senat vom 21. April 1896 in der J. W. 1896 S. 301 Nr. 6; RG. IV. Senat vom 14. Januar 1904 in der J. W. 1904 S. 120 Nr. 22. — Dieser Umstand braucht jedoch nicht ausschlaggebend zu sein. RG. III. Senat vom 24. Januar 1902 S. 169 Nr. 24.

treter einer eidesunmündigen Partei, an sich für die Eidesauflage jedenfalls ohne Bedeutung[1]. Dieser Umstand spielt bei der Beweiswürdigung keine Rolle.

Allein Tatsachen, die objektiv einen Schluß nach einer bestimmten Richtung hin zulassen, können als Indizien für die größere oder geringere Glaubwürdigkeit in Betracht kommen[2]. Als ein solches Indiz kann nicht allgemein der „Gesamteindruck" einer Partei angeführt werden. Das ist eine unzulässige, mehr oder weniger subjektive, auf dem Gefühl beruhende Beurteilung, die gar zu leicht täuscht. So macht der Nervöse häufig einen ungünstigeren Eindruck, selbst wenn er die Lage klar und gewissenhaft durchdacht hat, während der Ruhige durch seine äußere Sicherheit leicht für sich einnimmt.

Trotzdem dem „Gesamteindruck" kein Beweiswert beizumessen ist, sollte doch stets, bevor zur Auflage eines Noteides geschritten wird, das persönliche Erscheinen angeordnet werden. Nicht selten bleibt die Partei dem Gericht geflissentlich fern und schiebt den Anwalt vor, weil sie es nicht wagen würde, ihre Behauptungen persönlich zu vertreten. Leistet die Partei der Vorladung keine Folge, so verdient sie den Vorzug der Eideszubilligung nicht. Erscheint sie, so kann das Gericht die Vertrauenswürdigkeit erforschen. Es kann die Partei ausfragen und sich so von dem Beweiswert des zu leistenden Eides im voraus eine bestimmte Überzeugung bilden[3]. Dies ist keine Inquisition, keine

[1] RG. II. Senat vom 28. Oktober 1902 in der J. W. 1902 S. 633 Nr. 9.

[2] RG. III. Senat vom 25. Juli 1897 in der J. W. 1897 S. 458 Nr. 3.

[3] Für die Notwendigkeit des Gehörs vgl. das Beispiel S. 77 unten.

Wahrheitserpressung, die Partei muß die Frage nicht beantworten. Das Gericht aber hat das Recht und die Pflicht im Hinblick auf den anderen Teil, sich zu überzeugen, ob von der Gewissenhaftigkeit der Partei der Ausgang des Prozesses abhängig gemacht werden kann oder nicht. Erkennt das Gericht auf einen Eid, ohne sich vorher von dem Beweiswerte des Eides überzeugt zu haben, so hat es seine Befugnis mißbraucht [1].

Bei der Auswahl der Partei sind der Hauptbeweis und der Gegenbeweis selbständig zu würdigen. den Überzeugungsstoff für und wider hat der Richter gegenüberzustellen. Nicht darf der Gegenbeweis von dem Hauptbeweis abgezogen werden. Die Unzulässigkeit dieses Verfahrens ergibt sich aus folgender Erwägung: Ist der unvollständige Hauptbeweis (einschließlich des Überzeugungsstoffes aus Indizien über die Glaubwürdigkeit der Partei) größer als der Gegenbeweis, so bliebe nach der Subtraktion immer noch einige Wahrscheinlichkeit für die Wahrheit des Beweisthemas, das Gericht könnte also zu einem Erfüllungseid kommen. Ist dagegen der unvollständige Gegenbeweis (gemeint ist immer das gesamte Überzeugungsmaterial) größer als der Hauptbeweis, so würde einige Wahrscheinlichkeit zugunsten des Beweispflichtigen nach der Subtraktion nicht mehr vorhanden sein, der Richter würde dann den Satz: actore non probante reus absolvitur anwenden. Er würde niemals auf einen Reinigungseid, einen Noteid für den Nichtbeweisbelasteten, kommen! Gerade im letzteren Falle aber könnte auf ihn zur Ermittlung des wahren Sachverhalts erkannt werden.

---

[1] Das hat Laubhardt a. a. O. verkannt.

§ 5.

Der richterliche Eid stets ein Tatsacheneid.

Der richterliche Eid schafft nie selbständig Beweis, er dient zur Ergänzung einer unvollständigen Überzeugung von Tatsachenbehauptungen. Er kann nur über Tatsachen auferlegt werden[1], und zwar nur über solche Tatsachen, die von einer Partei behauptet worden sind, er dient nicht etwa gleichzeitig zur Ergänzung von Substantiierungsmängeln[2]. Der Richter darf nicht von sich aus Tatsachen in den Prozeß einführen und diese neuen Tatsachen, deren Nachweis er für erforderlich hält, zum Gegenstand eines Eides machen.

Der Ausdruck „Tatsache" kehrt häufig im Gesetz wieder. Wie der Zeuge nur über Tatsachen aussagen kann (§ 373), so kann auch die Partei nur Tatsachen beschwören. Man muß, sofern nicht das Gegenteil nachzuweisen ist, annehmen, daß das Gesetz mit ein und demselben Ausdruck auch denselben Begriff verbindet. Auch § 445 stellt keinen neuen Tatsachenbegriff auf, sondern beschränkt nur den Schiedseid grundsätzlich auf einen bestimmten Kreis von Tatsachen. Diese Beschränkung gilt nicht für den richterlichen Eid[3].

[1] Vgl. z. B. RG. I. Senat vom 29. März 1884 in der J. W. von 1884 S. 172 Nr. 15; RG. II. Senat vom 27. Mai 1898 in der J. W. von 1898 S. 415 Nr. 5; RG. II. Senat vom 28. Juni 1904 in der J. W. 1904 S. 475 Nr. 18.

[2] OLG. Braunschweig I. Senat vom 12. Mai 1880 in S.A. Bd. 36 Nr. 84; RG. V. Senat vom 23. April 1884 bei Gruchot Bd. 28 S. 1154; RG. III. Senat vom 17. Juni 1892 in der J. W. 1892 S. 334 Nr. 15; RG. II. Senat vom 21. April 1899 in der J. W. 1899 S. 340 Nr. 15.

[3] Unbestritten. Vgl. z. B. RG. III. Senat vom 1. November 1910 in S.A. Bd. 66 Nr. 127 c. cit.

§ 477 I verweist nicht auf § 445. Über alles, über das der Zeuge vernommen werden kann, kann der Richter der Partei auch einen Eid auferlegen[1]. Dabei sind in der Eidesnorm zusammengesetzte Tatsachen in ihre einzelnen Elemente, in die einfachen Tatsachen zu zerlegen.

Unter den Begriff „Tatsache“ fallen zwar an und für sich auch Urteile. Die Umstände, daß ein Vertrag nichtig ist, eine Forderung gültig abgetreten worden ist, jemand das Eigentum durch Übertragung erlangt hat, sind auch Tatsachen. In diesem weiten Sinne gebraucht aber die CPO. das Wort nicht. Tatsachenbehauptungen stehen im Gegensatz zu Rechtsbehauptungen. Der Zeuge kann nur über Tatsachen vernommen werden, die Partei kann nur Tatsachen beschwören, d. h. jede rechtliche Beurteilung bleibt ihnen versagt, sie liegt allein dem Richter ob.

Mit dem Ausschluß von Rechtsbegriffen aus der Zeugenerklärung, aus dem Parteieid zur Bezeichnung tatsächlicher Vorgänge darf man nicht zu weit gehen. Rechtsbegriffe, die in das Verkehrsleben eingedrungen sind, wie z. B. die Schenkung, der Kauf, die Miete, das Darlehn, können auch in die Zeugenaussage, in den Parteieid aufgenommen werden. Die Umgehung dieser Begriffe würde zwecklose Schwierigkeiten machen und häufig nur zur Verwirrung des Zeugen, der Partei führen. Diese einfacheren Rechtsbegriffe sind dann nicht ausgeschlossen, wenn der Begriff dem Schwörenden unzweifelhaft bekannt ist und die richtige Anschauung von seiner Seite außer Zweifel steht[2]. Immerhin wird das

[1] So insbesondere Kleinfeller, Thatsacheneid, a. a. O.

[2] Ebenso z. B. RG. I. Senat vom 28. April 1886 in der J. W. von 1886 S. 165 Nr. 9.

Gericht in diesem Punkte beim Parteieide engere Grenzen ziehen als bei der Zeugenvernehmung, da ihm ein nachträgliches Eindringen in die Vorstellung der Partei unmöglich ist.

Tatsachen sind nicht nur äußerliche, sinnlich wahrnehmbare Vorgänge, sondern auch innere Vorgänge der Gehirntätigkeit, z. B. die Absicht oder das Fehlen der Absicht, den Gläubiger zu schädigen, das Wissen von fremden Tatsachen, z. B. die Kenntnis der Zahlungseinstellung. Über alles das kann der Eid auferlegt werden[1].

Auch ein hypothetischer innerer Vorgang, der, wie eine Partei gehandelt haben würde, kann Gegenstand eines richterlichen Eides (ebenso wie eines Schiedseides) sein. Zwar handelt es sich hier nicht um eine vergangene innere Tatsache, sondern die Partei beschwört einen gegenwärtigen inneren Vorgang. Denn sie gibt ihre jetzige Gesinnung an, sagt aus, wie sie nach ihrem augenblicklichen Urteil damals gehandelt haben würde. Die Feststellung dieser gegenwärtigen inneren Tatsache kann aber für den Beweis der historischen Tatsache als Indiz ausschlaggebend sein. Die hypothetische innere Tatsache ist als Indiz Beweisgegenstand, kann also auch Gegenstand des Eides sein[2], wenn das Gericht meint, daß von dem festgestellten Indiz ausreichende Überzeugungsgründe für die unmittelbar zu beweisende Tatsachenbehauptung abfließen.

Der Eid braucht nicht stets über die unmittelbar zu beweisende Behauptung, er kann über jede streitige, also

[1] Vgl. die Nachweise in den Kommentaren zu § 445.

[2] Ebenso Stein zu § 445 Anmerkung I. Anderer Ansicht RG. VI. Senat vom 22. Februar 1906 Bd. 62 S. 415 fg.

auch über eine mittelbar erhebliche Behauptung auferlegt werden. Der richterliche Eid dient zur Ergänzung. Er ist demnach auf die Tatsache zu beschränken, deren Beweis dem Richter noch fehlt, um zu einer vollen Überzeugung zu gelangen [1]. Ebenso ist das Gericht bei der Normierung des Eides nicht an den Wortlaut der Parteibehauptungen gebunden [2]. Es kann die Fassung wählen, die ihm die treffendste zu sein scheint, nur dürfen durch den Eid nicht neue Tatsachen in den Prozeß hineingetragen werden.

§ 6.

Der grundsätzliche, aber nicht uneingeschränkte Vorrang des richterlichen Eides vor dem Schiedseid.

Im Prozeß nützt einem das beste Recht nichts, wenn man es nicht beweisen kann. Hat die beweispflichtige Partei für die ihr günstige, bestrittene Behauptung kein Beweismaterial, so ist zu ihren Ungunsten zu erkennen, die Entscheidung ist allein von der Verteilung der Beweislast abhängig zu machen. Die beweisfällige Partei braucht aber nicht zuzugeben, daß ohne weiteres gegen sie entschieden wird unter Anwendung des Satzes: Nicht bewiesene bestrittene Behauptungen gelten für nicht

[1] RG. VI. Senat vom 22. April 1896 bei Gruchot Bd. 40 S. 918 fg. Bayrisches Oberstes LG. vom 2. Januar 1890 in S.A. Bd. 45 S. 286.

[2] RG. III. Senat vom 17. Juni 1892 in der J. W. 1892 S. 334 Nr. 15; RG. II. Senat vom 4. Februar 1898 in der J. W. 1898 S. 160 Nr. 20; RG. VI. Senat vom 5. November 1903 in der J. W. 1903 S. 432 Nr. 5.

wahr. Sie kann dem Gegner den Eid zuschieben, verlangen, daß dieser die ihm vorteilhafte Behauptung beschwöre; sie kann den Ausgang des Prozesses von der Gewissenhaftigkeit des Gegners abhängig machen. Kommt es auf den zugeschobenen Eid an, so kann die Partei den Ausgang des Prozesses genau übersehen. Bei der Auferlegung des Schiedseides spielt die Überzeugungskraft, die dieser Eid für das Gericht hat, keine Rolle. Das Gericht hat nur zu prüfen, ob der Eid wirksam zugeschoben und angenommen worden ist. Die Eideszuschiebung muß ausgehen von der beweispflichtigen Partei (§ 447). Sie ist nur zu beachten über eine Behauptung, deren Wahrheit nicht nachgewiesen ist. Unzulässig ist die Zuschiebung nach § 446 über Behauptungen, deren Gegenteil feststeht; dieser unnötige Gewissensdruck auf den Gegner wäre eine Unbilligkeit. Nur wenn das Gericht sich nach keiner Richtung eine volle Überzeugung bilden kann, kann die beweispflichtige Partei verlangen, daß nicht allein die Verteilung der Beweislast ausschlaggebend ist, sie kann den Gegner zwingen, daß er die ihm günstige Behauptung beschwöre. Die Partei muß zwar nicht, wird aber regelmäßig von diesem Mittel nur dann Gebrauch machen, wenn alle anderen Beweismittel versagen. Ist neben der Zuschiebung anderer Beweis angetreten, so darf das Gericht die Zuschiebung erst beachten, nachdem der übrige Beweis erhoben worden ist, aber zu keinem Ergebnis geführt hat (§ 453 III). Die Eideszuschiebung ist das letzte Hilfsmittel, das der Partei gegeben ist.

Der richterliche Eid erfordert im Gegensatz zum Schiedseide keine formale Beweisantretung der Partei. Die Zuerkennung des Noteides ist allein in das Ermessen des Gerichts gestellt, die Anbietung der Partei ist nur eine unmaßgebliche Anregung. Voraussetzung der Auflage ist, daß einige Wahrscheinlichkeit für die Wahrheit des Beweisthemas vorhanden ist. In diesem Fall hat das Gericht mangels anderer Beweismittel zu prüfen, ob es durch die Leistung des Noteides zu einer vollen Überzeugung kommen würde. Anders wie der Schiedseid, der ein Druck der Partei auf den Gegner ist, ist der Noteid ein Hilfsmittel in der Hand des Gerichts zur Ermittlung des wahren Sachverhalts. Erwünschtes Ziel des Zivilprozesses ist die Feststellung der materiellen Wahrheit. Auf die Verteilung der Beweislast und auf den formalen Schiedseid darf die Entscheidung nur abgestellt werden, wenn das Gericht sich eine volle Überzeugung nicht bilden kann. Ist ein unvollständiger Hauptbeweis vorhanden, und kann das Gericht durch die Auferlegung eines Noteides zu einer vollen Überzeugung kommen, so muß es zwecks Ermittlung des wahren Sachverhalts auf ihn erkennen[1]. Der Noteid ist ein Hilfsmittel des Richters im Dienst der Wahrheitsfeststellung.

Aus diesem Unterschied des richterlichen Eides zum Schiedseid, der von der Partei in den Prozeß eingeführt wird, bei dem eine Beweiswürdigung der Auflage nicht vorangeht, ergibt sich: Das Gericht kann unter Übergehung der Eideszu- und -zurückschiebung einen richterlichen Eid auferlegen[2]. Für den Vorrang des richter-

[1] Vorausgesetzt, daß die Partei nicht ausdrücklich vor der Auflage erklärt, sie verzichte auf die Vergünstigung der Eideszubilligung. Vgl. S. 37 der Abhandlung.

[2] RG. IV. Senat vom 9. Dezember 1897 in der J. W. 1898 S. 48 Nr. 14; RG. V. Senat vom 24. November 1900 in der J. W. 1900 S. 873 Nr. 7.

lichen Eides ist es bedeutungslos, daß nach Lage der Sache der zugeschobene Eid in der Wahrheitsform, der richterliche Eid in der Überzeugungsform[1] aufzuerlegen ist[2]. Auch der Noteid in dieser Form dient ja der Wahrheitsfeststellung, während dem Schiedseid, mag er auch in der Wahrheitsform abzunehmen sein, im gegebenen Falle vielleicht jegliche Überzeugungskraft abgeht.

Die Regel, daß der richterliche Eid dem Schiedseid vorgeht, gilt aber nicht, wie allgemein angenommen wird. ohne Einschränkung[3]. Der richterliche Eid geht dem Schiedseid grundsätzlich deshalb vor, weil durch seine Auflage und Ableistung die materielle Wahrheit ermittelt werden soll[4]. Kommt man aber durch die Auferlegung eines Schiedseides zu demselben Ergebnis, stimmt der zugeschobene Eid mit dem in Betracht kommenden richterlichen Eide überein, so bedarf es der Einführung des Noteides nicht. Die Initiative des Richters ist dann nicht am Platze.

Ein Beispiel: Die Verhandlung und eine etwaige Beweisaufnahme haben sowohl einiges Material für die Wahrheit als auch einiges Material für die Unwahrheit der beweisbedürftigen Behauptung ergeben. Das Gericht erachtet den Gegenbeweis für größer und beabsichtigt, auf ein iuramentum purgatorium zu erkennen. Vor der Auflage schiebt der Beweispflichtige über die fragliche

[1] Vgl. S. 92 fg. der Abhandlung.

[2] RG. II. Senat vom 22. September 1908 in der J. W. 1908 S. 660 Nr. 10 = S.A. Bd. 64 Nr. 80.

[3] Eine Ausnahme von dem Prinzip ist schon in § 2 (S. 37 fg.) besprochen worden.

[4] Trotzdem ist der richterliche Eid ein rein formales Beweismittel. Vgl. § 7 S. 77.

Behauptung seinem Gegner den Eid zu, der angenommen wird. In diesem Falle ist auf den Eid nicht als richterlichen, sondern als Schiedseid zu erkennen. Der Einführung eines Eides durch das Gericht bedarf es nicht. Die Partei hat das zu benutzende Beweismittel ja schon in den Prozeß eingeführt.

So lassen sich die Sätze aufstellen: Der richterliche Eid geht nur als Ergänzungseid dem zugeschobenen Schiedseide über denselben Beweisgegenstand vor. Dagegen steht der richterliche Eid als Reinigungseid dem zugeschobenen Schiedseide nach. Dasselbe gilt im Falle der Zurückschiebung: Der zurückgeschobene Schiedseid geht dem richterlichen Eide als Ergänzungseid vor. Langheineken kleidet in seinen Vorlesungen den Gedanken treffend in die Formel: „Der richterliche Eid des Deferenten geht vor dem Schiedseid des Delaten, sonst nicht.“

Diese Sätze sind nicht ohne praktische Bedeutung: Ginge auch in diesen Fällen der richterliche Eid dem Schiedseid vor, so müßte der Eid nach § 477 III stets durch Urteil auferlegt werden. Den Parteien wäre die Möglichkeit genommen, eine unbedingte Entscheidung zu erwirken, die Auflage des Noteides anstelle des Schiedseides wäre für keinen Teil eine Verbesserung, sondern allein eine Erschwerung. Dies steht mit dem Wesen des richterlichen Eides nicht im Einklang. In den vorliegenden Fällen hat das Gericht vielmehr auf den Schiedseid zu erkennen; es ist in der Lage, den Eid unter den Voraussetzungen des § 461 durch Beschluß aufzuerlegen.

Daß der Schiedseid des Delaten dem richterlichen Eide derselben Partei vorgeht, gilt auch dann, wenn auf der eidespflichtigen Seite notwendige Streitgenossen stehen: Der beweisbelastete Kläger hat, wie es nach § 472 II erforderlich ist, allen Beklagten, die notwendige Streitgenossen sind, einen Eid zugeschoben. Auch wenn einiger Haupt- und Gegenbeweis vorhanden ist und der letztere überwiegt, so darf das Gericht nicht den Schiedseid übergehen und etwa auf einen Noteid für einen Streitgenossen allein erkennen, indem es erwägt, zur Vervollständigung seiner Überzeugung genüge der Eid dieses einen Streitgenossen. Es hat vielmehr den zugeschobenen Eid aufzuerlegen [1].

In einer Entscheidung vom 2. Mai 1883 [2], in der das Reichsgericht die entgegengesetzte Anschauung vertritt, wird zum Schlusse besonders hervorgehoben: „Die Bestimmungen der Zivilprozeßordnung bringen es mit sich, daß in der hier besprochenen Beziehung der Beweispflichtige möglicherweise formell ungünstiger gestellt wird, wenn das Gericht dazu gelangt, seiner Gegenpartei einen richterlichen Eid aufzuerlegen, als wenn es seine Beweisaufnahme im übrigen als völlig mißlungen betrachtet und nur noch auf die von ihm vorgenommene Eideszuschiebung zurückgreift." — Dieses Ergebnis wäre mit der Aufgabe des richterlichen Eides nicht in Einklang zu bringen. Die Ausführung des Reichsgerichts ist jedoch nicht voll zutreffend: Auch beim Schiedseid, auf den nach der hier vertretenen Ansicht zu erkennen ist, hat im vorliegenden Falle, wenn einzelne Streitgenossen vor der Auflage erklären, den Eid nicht leisten

[1] Anderer Ansicht RG. I. Senat vom 2. Mai 1883 in Bd. 12 S. 10 fg.; RG. V. Senat vom 25. März 1899 in der J. W. 1899 S. 303 Nr. 9.

[2] Siehe die voranstehende Anmerkung.

zu wollen, das Gericht wie beim richterlichen Eide zu untersuchen, ob es dem Schiedseid der Übrigen Beweiswert beimißt oder nicht. Der Eid ist nach § 472 II 2 den Übrigen nur dann aufzuerlegen, wenn das Gericht ihn für erheblich erachtet, anderenfalls ist die Eideszuschiebung an jene Streitgenossen zu übergehen. Das Gericht ist hier also nicht gebunden, den Schiedseid stets allen Streitgenossen, denen er zuzuschieben ist, aufzuerlegen, und ihn als verweigert anzusehen, wenn nur ein Streitgenosse ihn nicht leistet. Der Schiedseid wird hier vielmehr dem richterlichen Eid ähnlich, seine Auflage hängt mit ab von seinem materiellen Beweiswert [1]. Auch im vorliegenden Falle führt die Anschauung, daß der Schiedseid des Delaten dem richterlichen Eid derselben Partei vorgeht, allein zu dem Unterschiede und Vorteil: Das Gericht kann den Eid durch Urteil, mit dem Einverständnis der Parteien aber auch durch Beschluß auferlegen.

Ein weiterer Fall, bei dem zu prüfen ist, ob unter Übergehung der Zu- und Zurückschiebung auf einen Noteid erkannt werden kann, ist folgender: Der Hauptbeweis ist völlig mißlungen, dagegen ist einiges Material zugunsten des Nichtbeweisbelasteten vorhanden; der Beweispflichtige hat dem Gegner mangels anderer Beweismittel den Eid zugeschoben. Nach der fast unbestrittenen herrschenden Lehre [2] kann das Gericht auch hier unter Hinwegsetzung über die Eideszuschiebung auf einen richterlichen Eid (sei es als iuramentum suppletorium oder purgatorium) erkennen. Dem ist nicht zuzustimmen.

[1] Vgl. S. 82 fg. der Abhandlung.

[2] Vgl. die Kommentare und Lehrbücher. Auch RG. I. Senat vom 24. Oktober 1885 in S.A. Bd. 41 Nr. 150.

Die Eideszu- oder Zurückschiebung ist eine Beweisantretung, keine Beweisaufnahme, liefert also keinen Beweisgrund; zugeschoben werden kann der Eid auch über eine völlig unwahrscheinliche Behauptung. Das übersieht die herrschende Lehre. Durch die bloße Beweisantretung wird niemals die Wahrheit einer Behauptung voll oder auch nur unvollkommen nachgewiesen. Das kann erst durch die Beweisaufnahme (die Eidesleistung) geschehen. Die Beweisantretung liefert kein Beweisergebnis. Somit kann die Auflage eines richterlichen Eides nicht in Betracht kommen, wenn kein Hauptbeweis, sondern nur ein unvollständiger Gegenbeweis vorhanden ist, und der Beweispflichtige dem Gegner einen Eid zugeschoben hat. Es fehlt an einem Ergebnis zugunsten des Beweispflichtigen. Allein für den Schiedseid ist die erforderliche Voraussetzung vorhanden: die Zuschiebung. Demnach kann bei dieser Prozeßlage nur auf den zugeschobenen Eid erkannt werden [1].

§ 7.

Das dem richterlichen Eide und dem Schiedseide Gemeinsame.

Der richterliche Eid wird in den Prozeß durch das Gericht eingeführt, das Sichanbieten der Partei zur Eidesleistung ist rechtlich unerheblich, ist nur eine Anregung für das Gericht. Vor der Auflage des Noteides ist es sachgemäß, daß stets das persönliche Erscheinen angeordnet wird. Das Gericht soll prüfen, ob und in-

[1] Ebenso Langheinecken in seinen Vorlesungen, Wielich S. 37. Zinserling S. 38/39.

wieweit die Partei über die Sachlage unterrichtet ist, ob sie ihre Kenntnis aus eigener Anschauung oder erst durch dritte Hand gewonnen hat. Das Gericht soll durch Fragen die Glaubwürdigkeit der Partei prüfen, kurz alles ermitteln, das für die etwaige Auflage eines Noteides von Bedeutung ist. Denn der Eid hat die Aufgabe, dem Gericht die noch fehlende Überzeugung zu verschaffen.

Anders der Schiedseid: Er wird durch die Partei in den Prozeß eingeführt, seiner Auflage geht eine förmliche Beweisantretung, die Zu- oder Zurückschiebung, voran. Auf den Schiedseid muß der Richter erkennen, wenn er sich keine volle Überzeugung — auch mit Hilfe eines Noteides nicht — bilden kann. Bei der Auflage des zu- und zurückgeschobenen Eides ist es unerheblich, ob das Gericht diesem Eide Überzeugungskraft beimißt oder nicht.

Beide Rechtsinstitute, der Noteid und der Schiedseid, haben aber auch viel Gemeinsames aufzuweisen:

Beide Eide werden vom Richter normiert, nicht nur die Fassung des von ihm in den Prozeß eingeführten Noteides, sondern auch die Fassung des zu- und zurückgeschobenen Eides liegt ihm ob. Das Gericht hat die treffendste Formel zu wählen. es ist nicht verpflichtet, den Schiedseid in der Form aufzuerlegen, in der er zu- oder zurückgeschoben ist[1]. Nur darf der Schiedseid nicht über eine andere Tatsache oder über eine Erweiterung auferlegt werden, auf die sich die Beweisantretung, die Zuschiebung, nicht erstreckt.

[1] Vgl. z. B. RG. V. Senat vom 25. Oktober 1884 bei Gruchot Bd. 29 S. 402; RG. III. Senat vom 17. Juni 1892 in der J. W. 1892 S. 334 Nr. 15; RG. IV. Senat vom 24. September 1896 in der J. W. 1896 S. 638 Nr. 13.

Ein weiterer gemeinsamer Punkt: Der Richter darf sowohl auf den Noteid wie auf den Schiedseid nur erkennen, wenn er sich in anderer Weise eine volle Überzeugung nicht verschaffen kann. Beide Eide dürfen nicht unter Übergehung von erheblichen Beweisantretungen auferlegt werden, es sind subsidiäre Beweismittel.

Das Wesen beider: Beide Eide dienen der Feststellung bestrittener Tatsachenbehauptungen, deren Wahrheit oder Unwahrheit noch nicht völlig nachgewiesen worden ist. Der richterliche Eid wie der Schiedseid sind Beweismittel, und zwar formale Beweismittel[1]. Auch der richterliche Eid ist ein rein formelles Beweismittel, obwohl das Gericht vor der Auflage seinen Beweiswert prüft, auf ihn nur erkennt, wenn es meint, durch die Eidesleistung die unvollständige Überzeugung ergänzen zu können. Denn der geleistete Eid unterliegt ebensowenig wie der Schiedseid der richterlichen Würdigung. Die Beweiskraft beider Eide beruht auf dem Gesetz (§ 463 I), auf der gesetzlichen Annahme, daß der Eid die Wahrheit enthalte.

Für die formelle Natur des richterlichen Eides ein Beispiel: Nach der Eidesleistung stellt sich heraus, daß der Schwörende die Eidesformel gänzlich mißverstanden hat oder völlig unglaubwürdig ist[2]. Auch in

[1] Ebenso insbesondere auch Wach, der häufig als Gegner dieser Ansicht aufgeführt wird, Vorträge S. 224: „Die Eidesleistung ist Feststellungsakt. In diesem Sinne ist der Eid formales — auf der gesetzlichen Annahme der Übereinstimmung des Beschworenen mit der Wahrheit ruhendes — Beweismittel."

[2] Damit dies sich möglichst selten verwirkliche, ist es wünschenswert, daß vor der Auflage eines richterlichen Eides stets das persönliche Erscheinen angeordnet und die Partei einem eingehenden Examen unterworfen werde.

diesem Falle behält der geleistete Eid seine Feststellungskraft, sie ruht auf dem Gesetz, nicht auf der richterlichen Überzeugung.

Dem richterlichen und dem Schiedseide ist weiter gemeinsam, daß beide die Verteilung der Beweislast nicht entbehrlich machen. Auf einen richterlichen Eid kann nur dann ohne Prüfung der Beweislast erkannt werden, wenn sowohl ein unvollkommener Haupt- als auch ein unvollkommener Gegenbeweis vorhanden ist; bei einseitigem Beweisergebnis dagegen ist die Verteilung der Beweislast vorher festzustellen. Zur Auflage eines Schiedseides kann stets erst nach Prüfung der Beweislast geschritten werden, denn die Eideszuschiebung erfolgt nur für den Fall, daß den Zuschiebenden die Beweislast trifft. Eine nicht beweispflichtige Partei übernimmt durch die Eideszuschiebung nicht die Beweispflicht (§ 447). Ein Schiedseidvertrag ist unzulässig. Auch im Falle des § 461 I ist der auf Grund des Einverständnisses der Parteien über die Erheblichkeit und die Norm durch Beschluß auferlegte Schiedseid kein Kompromißeid. Das Einverständnis über die Erheblichkeit des Eides hat folgenden Inhalt: Die Parteien stimmen dem Gericht darin bei, daß die Behauptung noch nicht bewiesen, aber beweisbedürftig ist; auch sind sie darüber einig, daß ihre Feststellung durch die Eidesleistung geschehen soll. In dem Einverständnis über die Erheblichkeit liegt ein Verzicht auf etwa sonst noch vorhandene Beweisantretungen. Daher können sie auch in der Berufungsinstanz auf die anderen Beweise nicht wieder zurückgreifen. Denn der Prüfung, die das Berufungsgericht nach § 533 II vorzunehmen hat, ist die Prozeßlage zugrunde zu legen, die bei der Eidesanordnung vorhanden war [1]. In dem Einverständnis der Parteien über die Erheblichkeit des Eides liegt ferner die Erklärung, daß sie die Beurteilnng des Gerichts über die Verteilung der Beweislast billigen. Man tut aber dem Parteiwillen Gewalt an, wenn man sagt, daß sie dem Gericht die Verpflichtung zur Prüfung der Beweislastverteilung nehmen und auf das Recht verzichten wollen, die Nachprüfung durch die höhere Instanz zu verlangen. Die Einverständniserklärung geben die Parteien nur unter der Voraussetzung ab, daß die Beweislast vom Gericht richtig verteilt worden ist. Sie selber wollen eine Beweislastverteilung nicht vereinbaren, noch viel weniger auf das Recht verzichten, die Entscheidung anfechten zu können, falls sie nachträglich erkennen, daß die Beweislast falsch verteilt worden ist. Ein derartiger Verzicht wäre überhaupt wirkungslos. Es läge darin ein Verzicht auf die richtige Anwendung der Beweislastregeln. Er ist ebenso unzulässig wie eine Ver-

[1] Ebenso RG. I. Senat vom 4. Juni 1910 Bd. 74 S. 26: „Hat die Partei neben dem Eide noch andere Beweismittel geltend gemacht, erklärt sie sich aber dann gleichwohl mit der Erheblichkeit des Eides einverstanden, so verzichtet sie damit auf die vorherige Erhebung und Würdigung der anderen Beweise. Und dann kann sie auch in der Berufungsinstanz auf die anderen Beweise nicht mehr zurückkommen. Denn die nach § 533 II dem Berufungsgerichte obliegende Prüfung, ob die Anordnung der Eidesleistung gerechtfertigt war, hat sich auf die Sachlage zu beziehen, die zur Zeit der Anordnung vorlag ...“ — Anderer Ansicht Stein, Anmerkung II zu § 453.

Bei dieser Anschauung wird der Schiedseid nicht, wie Stein annimmt, seines subsidiären Charakters entkleidet: Die Parteien können zwar nicht auf erhobene Beweise verzichten, wohl aber Beweisantretungen zurückziehen. Diese liefern keinen Beweisstoff. Durch die Zurücknahme verschwinden die Beweisantretungen aus dem Prozeß.

einbarung über die Verteilung der Beweislast. Für die Richtigkeit dieser Ansicht kann als wichtiges Argument darauf hingewiesen werden, daß § 447 in § 450 keine Erwähnung gefunden hat[1]. Weil eine Vereinbarung über die Verteilung der Beweislast unzulässig ist, kann auch ein Verstoß gegen die Beweislastregeln nicht nach § 295 geheilt werden; überhaupt ist darin keine Verletzung von „Verfahrensvorschriften“, sondern ein Fehler in iudicando zu sehen: Der Eidesbeschluß und die darauf ergehende Eidesleistung würden, wenn die Letztere wirksam wäre, eine sachlich falsche Entscheidung notwendig machen. Ist bei der Auferlegung eines Schiedseides durch Beschluß bei Einverständnis der Parteien über die Erheblichkeit und die Norm des Eides von einer falschen Verteilung der Beweislast ausgegangen worden, so ist wegen Gesetzesverletzung in iudicando ein Revisionsgrund vorhanden[2]. Auch bei dieser Auffassung ist die Einverständniserklärung der Parteien nicht ohne praktischen Wert: Das Gericht ist in der Lage, den Eid durch Beschluß aufzuerlegen, die Partei erhält eine unbedingte Entscheidung, gegebenenfalls einen vorläufig vollstreckbaren Titel.

Übrigens darf zur Auflage des Schiedseides durch Beschluß erst geschritten werden, nachdem die Parteien ihr Einverständnis über die Norm und die Erheblichkeit erklärt haben. Zwar ist dem Satz unbedenklich zuzu-

[1] Das hebt schon Stein hervor in Anmerkung I zu § 447. — Über § 450 vgl. S. 82 der Abhandlung.

[2] Im Ergebnis ebenso Stein Anm. I 1 zu § 461. Anderer Ansicht die übrige Literatur (vgl. insbesondere Hoffmann a. a. O. S. 187/188) und die Judikatur: RG. VI. Senat vom 13. November 1902 in Bd. 53 S. 39; RG. VI. Senat vom 27. Mai 1911 in Bd. 76 S. 317.

stimmen: „Die Einigkeit über Norm und Erheblichkeit eines durch Beweisbeschluß auferlegten Eides gilt unter den Parteien auch dadurch für festgestellt, daß nach auferlegtem Eide ein Widerspruch gegen denselben unterbleibt und eine Eidesleistung oder eine Eidesverweigerung seitens des Schwurpflichtigen in der Instanz erfolgt[1]." Deshalb darf es aber nicht, wie Stölzel meint[2], zur Regel werden, daß der Richter, wenn es auf den Schiedseid ankommt, zunächst den Versuch macht, ihn durch Beschluß aufzuerlegen, und abwartet, ob die Parteien nicht im Eidestermin gegen die Norm oder die Erheblichkeit Widerspruch erheben. Dieses Verfahren ist jedenfalls im Parteiverfahren schlechthin verwerflich. Die rechtsunkundige Partei wird kaum wissen, daß sie die Eidesauflage durch ihren Widerspruch hinfällig machen kann, sondern häufig glauben, sie könne in dieser Instanz gegen den Beschluß nicht ankämpfen. Aber auch im Anwaltsprozesse ist dies Verfahren als das regelmäßige nicht annehmbar. Beschlüsse soll das Gericht nur fassen, wenn die Grundlage dazu vorhanden ist. Es entspricht nicht der Stellung des Gerichts, daß es Beschlüsse erläßt, die es nach seiner eigenen Auffassung zurücknehmen muß, wenn die Partei darauf besteht.

* *
*

„Die Eideszuschiebung ist nur über Thatsachen zulässig, welche in Handlungen des Gegners, seiner Rechtsvorgänger oder Vertreter bestehen oder welche Gegen-

[1] Stölzel Bd. 1 S. 332 Nr. 7. Anderer Ansicht Fitting bei Busch Bd. 11 S. 7 Note 5; Vierhaus S. 86 (vgl. S. 43 Note 1 der Abhandlung).

[2] Bd. 1 S. 330/31.

stand der Wahrnehmung dieser Personen gewesen sind.“ (§ 445.)

Durch die Beschränkung des Schiedseides auf einen bestimmten Kreis von Tatsachen soll dem Eidesmißbrauch vorgebeugt werden, nicht ist die ratio dieser Vorschrift: Der Eid über fremde Handlungen und Wahrnehmungen habe keine Überzeugungskraft und sei deshalb zu verwerfen. Denn der Schiedseid ist selbst dann aufzuerlegen, wenn er für das Gericht nicht die geringste Überzeugungskraft hat. Die Zurückschiebung unterliegt nach § 448 I denselben Beschränkungen wie die Zuschiebung. Nach § 448 II ist die Zurückschiebung unzulässig, wenn der Delat über eigene Handlung oder Wahrnehmung zu schwören haben würde, nicht aber der Relat. In einer solchen Zurückschiebung würde ein Mißbrauch zu sehen sein. Will in solchem Falle der Delat den Eid nicht leisten, so soll gegen ihn entschieden werden.

Von diesen Einschränkungen und auch von der des § 449 kann das Gericht absehen, „wenn die Parteien inbetreff des zu leistenden Eides einig sind und der Eid sich auf Thatsachen bezieht“. (§ 450.) Auch der so auferlegte Eid ist kein Vergleichseid, im Gegenteil, er kommt dem richterlichen Eid näher als der gewöhnliche Schiedseid. Denn von der Befugnis aus § 450 wird das Gericht nur Gebrauch machen, wenn es dem Eide Überzeugungskraft beimißt. Der unter Anwendung des § 450 auferlegte Eid ruht also nicht bloß auf der Zuschiebung, sondern gleichzeitig auch — darin besteht seine Annäherung zum richterlichen Eid — auf der richterlichen Überzeugung von seiner Beweiskraft.

Einen ähnlichen Übergang zum richterlichen Eid bildet der nach § 472 II 2 auferlegte Schiedseid. Nach

§ 472 II 1 muß der Eid über eine Tatsache, die „für ein allen Streitgenossen gegenüber nur einheitlich festzustellendes Rechtsverhältnis von Einfluß ist, allen Streitgenossen zu- oder zurückgeschoben werden, sofern nicht rücksichtlich einzelner Streitgenossen die Zuschiebung oder Zurückschiebung unzulässig ist“. Es muß sich also hier um einen Klaggegenstand handeln, der allen Streitgenossen gegenüber nur einheitlich entschieden werden kann, nicht ist die Voraussetzung, daß eine Tatsache vorliegt, die allen Streitgenossen gegenüber festzustellen ist. Somit gilt § 472 nur für die notwendige Streitgenossenschaft im Sinne des § 62, aber auch für alle Fälle des § 62 [1]. Da eine einheitliche Entscheidung nur möglich ist, so liegt eine wirksame Eideszuschiebung nur vor, wenn sie an alle Streitgenossen, soweit zulässig, erfolgt ist. § 472 II 2 bestimmt nun:

„Erklären einzelne Streitgenossen, daß sie den Eid nicht leisten werden, so ist in Ansehung der übrigen Streitgenossen die Leistung des Eides nicht anzuordnen oder der Eid nicht abzunehmen, sofern das Gericht denselben für unerheblich erachtet.“

Das Gericht hat zu prüfen, ob es dem Eide der einzelnen Streitgenossen Überzeugungskraft beimißt oder nicht. Nur in bejahendem Falle hat es den Eid aufzuerlegen oder den schon auferlegten den einzelnen Streitgenossen abzunehmen. Auch hier ruht die Auferlegung und die Abnahme nicht allein auf der Zu- oder Zurückschiebung, sondern ist mit abhängig von der vorangehenden Würdigung des Gerichts [2].

[1] Ebenso Stein zu § 472 Anmerkung I. Vergleiche auch die dortigen Zitate.

[2] Zu weit geht die von Stein vertretene Auffassung in An

Die formale Wirkung des Eides nach § 463 I kann nur eintreten, wenn der Eid von sämtlichen schwurpflichtigen Streitgenossen geleistet ist. Die formale Wirkung der Eidesverweigerung nach § 464 II kann bei notwendigen Streitgenossen, die alle schwurpflichtig sind, nur eintreten, wenn sie alle den Eid verweigert haben. Können die formalen Regeln der §§ 463 I, 464 II nicht zur Anwendung kommen, ist der Eid nur von einem Teil geleistet, sodann[1] von dem anderen Teil verweigert oder als von ihm verweigert anzusehen, so greift § 472 II 1 ein:

„Ist der von allen oder von einigen Streitgenossen zu leistende Eid von einem oder mehreren derselben, oder ist der von einem Theile der Streitgenossen zu leistende Eid von allen Schwurpflichtigen (nicht: von allen Streitgenossen) verweigert, oder als von ihnen verweigert anzusehen, so entscheidet das Gericht nach freier Überzeugung, ob die Behauptung, deren Beweis durch Eideszuschiebung angetreten ist, für wahr zu erachten sei."

Der geleistete Eid unterliegt hier der freien richterlichen Würdigung, der Schiedseid wird hier zum materiellen Beweismittel! Diese Vorschrift ist ein Notbehelf, sie ist nur deshalb aufgestellt, weil die allgemeinen

merkung III zu § 472: „Der zugeschobene oder zurückgeschobene Eid verwandele sich in diesem Falle in einen richterlichen Eid." — Der Schiedseid ruht auch hier nicht allein auf der richterlichen Überzeugung, sondern gleichzeitig auf der Zu- oder Zurückschiebung; seine Einführung in den Prozeß ist erfolgt durch die Partei, nicht durch das Gericht, wie beim Noteide.

[1] Erfolgt die Eidesverweigerung, bevor der Eid von irgendeinem Streitgenossen geleistet ist, so kommt § 472 II 2 zur Anwendung.

formalen Vorschriften nicht zur Anwendung kommen können. Es kann nicht gegen den einen notwendigen Streitgenossen, der den Eid geleistet hat, umgekehrt entschieden werden, wie gegen den andern Streitgenossen, der den auferlegten Eid verweigert hat. Die Anwendung der Beweisregeln der §§ 463 I, 464 mußte ausgeschaltet werden, da nach materiellem Recht nur eine einheitliche Entscheidung für alle Streitgenossen möglich ist.

Diese exzeptionelle Vorschrift des § 472 II 1 ist auf den richterlichen Eid nicht auszudehnen. Nach § 476 ist der richterliche Eid nur den Streitgenossen oder gesetzlichen Vertretern aufzuerlegen, deren Eid das Gericht zur Ergänzung seiner Überzeugung für nötig erachtet. Wird also der Eid auch nur von einem der Eidesbedachten verweigert oder gilt er nach § 465 auf Antrag des Gegners wegen Nichterscheinens des Schwurpflichtigen im Eidestermin als verweigert, so ist der Eid in dem vom Gericht verlangten Umfang nicht geleistet worden, ist also überhaupt als verweigert anzusehen. Da schon bei der Auflage die richterliche Überzeugung entscheidend war, ist für eine der teilweisen Leistung folgende Würdigung kein Raum. Das Gesetz hält jedenfalls die Ausdehnung der Ausnahmevorschrift des § 472 II 1 auf den richterlichen Eid nicht für notwendig. Das kommt in der Übergehung des § 472 in § 477 I unzweideutig zum Ausdruck[1].

[1] Ebenso die Judikatur — RG. I. Senat vom 5. Februar 1890 in der J. W. 1890 S. 80 Nr. 6; RG. III. Senat vom 9. Juni 1902 in der J. W. 1902 S. 395 Nr. 19; Bayrisches Oberstes OL. I. Senat vom 6. November 1891 in S.A. Bd. 47 Nr. 241 — und Literatur, außer Planck § 128 S. 330/31; Hellwig § 220 S. 739, die § 472 II trotzdem entsprechend anwenden wollen.

§ 8.

Die entsprechende Anwendung der §§ 457 bis 471, 473 auf den richterlichen Eid und die Anwendung des § 476.

„Die Bestimmungen der §§ 457—471, 473 finden auf den richterlichen Eid entsprechende Anwendung." (§ 477 I.)

Die §§ 445—456 sind auf den richterlichen Eid unanwendbar, denn sie handeln von der Zuschiebung, Annahme und Zurückschiebung des Eides; eine Zu- und Zurückschiebung, eine förmliche Beweisantretung gibt es aber beim richterlichen Eide nicht. Das etwaige Erbieten der Partei ist nur eine unmaßgebliche Anregung für den Richter. Weil die Einführung des richterlichen Eides allein in der Hand des Gerichts liegt, ein Eidesmißbrauch ausgeschlossen erscheint, bedarf es auch keiner Beschränkung des richterlichen Eides auf einen bestimmten Kreis von Tatsachen, wie er für den Schiedseid durch § 445 vorgezeichnet ist.

* * *

Aus der entsprechenden Anwendung der §§ 457, 470, 471 II und III in Verbindung mit § 477 II ergibt sich:

Wie der zugeschobene Eid, so kann der richterliche Eid an sich auch einer Partei auferlegt werden, die „wegen wissentlicher Verletzung der Eidespflicht" rechtskräftig verurteilt worden ist. Denn nach § 161 StGB. ist dem wegen Meineids Verurteilten nur die Fähigkeit zur Leistung des Zeugen- oder Sachverständigeneides abzusprechen, dagegen behält der Verurteilte die Fähigkeit zur Leistung des Parteieides[1]. Der Ausdruck „Meineid“ ist an den angeführten Stellen (§§ 457, 470, 471 II, 477 II) vermieden worden, da er einen zu engen Sinn hat. Es sollen hier alle Eidesdelikte des §§ 153 bis 163 StGB. umfaßt werden, soweit sie nicht fahrlässig begangen worden sind, also außer dem Meineide auch die Verleitungsdelikte der §§ 159 und 160 StGB.[2] Ist der Schwurpflichtige nun wegen eines solchen Deliktes rechtskräftig verurteilt worden, so kann nach § 477 II (abweichend von den §§ 457, 470) der Gegner die Zurücknahme des richterlichen Eides selbst dann beantragen, wenn die Verurteilung schon vor der Auferlegung erfolgt und ihm bekannt war. § 477 II ist aus der Erwägung heraus entstanden, daß die Gegenpartei die Auferlegung eines richterlichen Eides nicht mit Sicherheit voraussehen kann.

Die Zurücknahme der Eidesauflage kann nur auf Antrag erfolgen[3]; der Antrag kann von der Auferlegung des Eides ab bis zur Leistung gestellt werden, und zwar sowohl vor[4] als auch nach der Rechtskraft des bedingten Urteils, sowohl in der Berufungs- als auch in der Revisionsinstanz. Zuständig ist das Gericht der Instanz, bei dem der Rechtsstreit gerade schwebt, also nach der

---

[1] Würde nämlich die Verurteilung wegen Meineides auch die Unfähigkeit zur Leistung des Parteieides nach sich ziehen, so könnte der wegen Meineides verurteilten Partei kein Eid zugeschoben werden; das bedeutete aber einen Nachteil für den Gegner, dem dadurch das letzte Beweismittel abgeschnitten wäre.

[2] Ebenso RG. VI. Strafsenat vom 11. Juni 1900 Bd. 46 S. 395; Stein, Anm. III zu § 457; Seuffert, Anm. 3a zu § 457.

[3] Anderer Ansicht nur Kleinfeller, Lehrbuch S. 392.

[4] Vgl. RG. VI. Senat vom 11. Dezember 1890 in S.A. Bd. 46 Nr. 32.

Einlegung der Berufung das Berufungsgericht[1]. Nach der Rechtskraft des Eidesurteils ist das Gericht zuständig, das das bedingte Urteil erlassen hat. Ist also die Berufung gegen das bedingte Urteil zurückgewiesen, so ist der Antrag stets beim Gericht erster Instanz zu stellen[2]. Nach der Leistung des Eides, die vor dem Berufungsgericht nach § 537 3 erfolgen kann, ist der Antrag überhaupt nicht mehr möglich.

Der Antrag ist in mündlicher Verhandlung zu erheben; erforderlichenfalls hat der Antragsteller den Gegner nach § 214 I (für das amtsgerichtliche Verfahren gilt § 497 I) zu laden. Versäumt der Antragsteller den Termin, so ist auf Verlangen des Gegners der Antrag in entsprechender Anwendung des § 330 abzuweisen. Erscheint der Gegner in dem Termin nicht, so ist von Amts wegen zu prüfen, ob er vorschriftsmäßig geladen, ob der Antrag zulässig und begründet ist. Ist dies der Fall, so ist von einer beantragten zulässigen Beweisaufnahme anzunehmen, daß sie das in Aussicht gestellte Ergebnis gehabt habe[3]. (Vgl. § 542 II.) Unter dieser Annahme ist das Versäumnisurteil nach § 331 I zu erlassen.

Sind beide Teile erschienen, so hat das Gericht auch von Amts wegen zu prüfen, ob der Antrag statthaft ist, auch kann darüber abgesondert verhandelt (§ 146) und

[1] OLG. Bamberg I. Senat vom 26. November 1904 bei Mugdan Bd. 13 S, 165.

[2] Ebenso Stein, Anm. II 1 zu § 470 und die dortigen Nachweise in Note 7.

[3] Ebenso RG. III. Senat vom 12. April 1889 in Bd. 23 S. 358 fg.; Stein, Anm. III zu § 470, — Seuffert, Note 4 zu § 470, verlangt, dafs der Beweis aufgenommen werde. — Vgl. auch Meyer bei Busch Bd. 9 S. 325 fg.

entschieden werden (§ 303). Die Abweisung des Antrages geschieht durch End- oder Zwischenurteil, und zwar durch Zwischenurteil dann, wenn das bedingte Urteil ein solches war. Ist der Antrag zulässig, so kann für die unter Eid gestellte Behauptung neuer Beweis angetreten, dieser Beweis aufgenommen und über das Ergebnis verhandelt werden. Eine weitergehende Verhandlung ist unzulässig[1]. Denn nach § 471 I können die Parteien nur „in Ansehung der betreffenden Beweisführung" alle Rechte ausüben. Bei der neuen Beweiswürdigung ist das Gericht in thesi — es wird aber wohl meist davon absehen — berechtigt, auf denselben Eid wieder zu erkennen[2]. Die Worte in § 477 II: „so ist der Antrag . . . gerechtfertigt" drücken nur aus, daß das Gericht an seine Entscheidung nicht mehr gebunden ist (§ 318), aber nicht, daß dieselbe Eidesauflage nach nochmaliger Prüfung unter Berücksichtigung der früheren Eidesverletzung schlechthin unzulässig sei. In diesem Punkte unterscheidet sich der richterliche Eid auch vom Schiedseide: Ist die Zu- oder Zurückschiebung nach § 470 widerrufen worden, so kann hier durch das neue Urteil nicht wiederum derselbe Schiedseid auferlegt werden. Es fehlt die dazu erforderliche Beweisantretung, die Zu- oder Zurückschiebung; diese Voraussetzung für die Auflage fällt aber beim richterlichen Eide weg, auf ihn kann das Gericht ohne vorangehende Beweisantretung der Parteien von sich aus erkennen.

[1] Ebenso RG. III. Senat vom 15. Mai 1885 in Bd. 13 S. 380 fg.; RG. IV. Senat vom 11. April 1888 in der J. W. 1888 S. 208; RG. III. Senat vom 12. April 1889 in der J. W. 1889 S. 231.

[2] RG. IV. Senat vom 19. Februar 1885 in der J. W. 1885 S. 123 Nr. 7.

Nach der Leistung des Eides seitens der wegen wissentlicher Verletzung der Eidespflicht rechtskräftig verurteilten Partei kann der Antrag nach § 477 II auf Zurücknahme des Eides nicht mehr gestellt werden. Die Beweisregel des § 463 I tritt wie sonst in Kraft. Hat aber der Schwurpflichtige mit der Leistung eine neue vorsätzliche oder fahrlässige Verletzung der Eidespflicht begangen, und ist wiederum eine rechtskräftige Verurteilung erfolgt oder aus anderen Gründen unmöglich als wegen Mangels an Beweis (§ 561 I), so kann der Gegner nach § 463 II gegen den formalen Beweis Gegenbeweis führen. Dazu bedarf es keiner Anfechtung des bedingten Urteils durch Restitutionsklage. Sie ist überhaupt begrifflich nicht möglich, es ist nichts zu restituieren, solange das Läuterungsurteil nicht ergangen ist. Das bedingte Endurteil ist seiner rechtlichen Natur nach ein Zwischenurteil. Denn auch nach Eintritt seiner (formalen) Rechtskraft kann der Kläger (im Einverständnis mit dem Beklagten) wirksam die Klage zurücknehmen, und einer neuen Klage kann mit der Einrede der Rechtshängigkeit begegnet werden. Das bedingte Endurteil ist somit der materiellen Rechtskraft nicht fähig[1]. Die Restitutionsklage bezweckt aber, die Feststellungswirkung, die materielle Rechtskraft, ex tunc zu vernichten. Sie ist somit hier gegenstandslos. Wenn dagegen auf Grund der Eidesleistung das Läuterungsurteil schon erlassen worden ist, so bleibt der nicht eidesbedachten Partei der Weg der Restitutionsklage. (§ 580 Ziff. 1.) Wird ihr stattgegeben, so ist das Läuterungsurteil aufzuheben und in die Verhandlung

[1] Pagenstecher S. 533

der Hauptsache, insoweit sie von dem Anfechtungsgrunde betroffen wird, wieder einzutreten. (§ 590 I.) Unberührt von der Restitutionsklage bleibt das bedingte Urteil[1]. Denn nur das Läuterungsurteil ruht auf der Eidesleistung; alles was vor dem bedingten Urteil liegt, gehört nicht zu dem Anfechtungsgrunde. Auch kann die Eidesleistung als Prozeßstoff nicht wieder ausgemerzt werden. Wohl kann eine Beweisantretung und eine Beweisanordnung, die Auflage des richterlichen Eides, zurückgenommen werden, aber nur solange die Beweisaufnahme nicht stattgefunden hat. Nach der Beweisaufnahme ist die Zurücknahme der Beweisantretung, der Beweisanordnung, die Zurücknahme der Auflage des richterlichen Eides unmöglich. Der Zweck der Beweisantretung, der Beweisanordnung ist ja mit der Beweisaufnahme erfüllt; die Eidesleistung ist Prozeßstoff. Ist der richterliche Eid geleistet worden, so kann auch nach der Zerstörung des Läuterungsurteils durch die Restitutionsklage die Zurücknahme der Auflage des richterlichen Eides auf Grund des § 477 II nicht beantragt werden. Dieses Antrages bedarf es überhaupt nicht[2]. Nach der Aufhebung des Läuterungsurteils steht vielmehr dem Restitutionskläger der Weg des § 463 II offen: Er kann Gegenbeweis gegen den vorhandenen formalen Beweis führen. Dieser Gegenbeweis ist meist mit dem zur Begründung der Restitutionsklage geführten Beweis identisch. Immerhin kann es

[1] Ebenso RG. III. Senat vom 16. Oktober 1883 Bd. 10 S. 382 fg. Anderer Ansicht Jastrow a. a. O.

[2] Anderer Ansicht von Seuffert Anmerkung 2 b zu § 580; Stein Anmerkung II a zu § 590 und Anmerkung II zu § 477; nebenher auch RG. II. Senat vom 11. November 1892 in Bd. 30 S. 363 a. E.

vorkommen, daß das zur Begründung der Restitutionsklage beigebrachte Material zur Zerstörung des formalen Beweises noch nicht ausreicht. Auch ist es nicht ausgeschlossen, daß dem Restitutionskläger ein richterlicher Eid auferlegt wird [1].

* * *

§ 458 ist auf den richterlichen Eid seinem Inhalt nach nicht anwendbar [2]. Er hat nur durch ein Redaktionsversehen in § 477 I Platz gefunden [3].

* * *

§ 459 findet entsprechende Anwendung. In der Literatur und Judikatur wird im Anschluß an die Motive meist die Ansicht vertreten, aus der entsprechenden Anwendung ergebe sich: Der richterliche Eid könne nur in eine der Formen dieses Paragraphen gekleidet werden; abgesehen davon, daß der Eid nach § 459 III über eine dem Eidesbedachten fremde Tatsache nicht als Wahrheitseid aufzuerlegen sei, dürfe der Richter ohne gesetzliche Schranke eine der Formen des § 459 wählen: Er könne den Überzeugungseid in positive oder negative Form kleiden, insbesondere könne er ohne Rücksicht auf die Schranken des § 459 II auch bei eigenen Handlungen den Eid als Überzeugungseid auferlegen [4]. Dem ist nicht zuzustimmen.

---

[1] RG. I. Senat vom 21. November 1883 in Bd. 14 S. 328.

[2] Anderer Ansicht allein Kleinfeller, Lehrbuch § 101 S. 393.

[3] Darüber besonders ausführlich Peschel S. 102/3.

[4] Seuffert Anm. 1b zu § 477; Stein Anm. I 2 zu § 477; RG. III. Senat vom 9. Februar 1883 bei Gruchot Bd. 27 S. 1103; RG. III. Senat vom 5. März 1889 Bd. 22 S. 226 fg.; RG. VII. Senat

Wenn das Gesetz sagt, es finden auf ein Rechtsinstitut die Vorschriften für ein anderes entsprechende Anwendung, so heißt das, die Vorschriften finden Anwendung, soweit es überhaupt möglich, soweit das eine Rechtsinstitut mit dem anderen wesensgleich oder wesensähnlich ist. Der richterliche Eid wie der zugeschobene Eid dienen zur Feststellung streitiger Tatsachen, sind formale Beweismittel. Bei dem richterlichen Eide wie bei dem Schiedseide soll die Partei durch die Anrufung Gottes, durch die Androhung schwerer Strafen zur Bekennung der Wahrheit gezwungen werden. Beide Eide sind sich hierin wesensgleich. § 459 hat auf den richterlichen Eid, was die Form der Auferlegung betrifft, uneingeschränkte Anwendung zu finden [1]. Dieser Paragraph setzt die Form, in der der Schiedseid zu schwören ist. so fest, daß das Gewissen der Schwörenden möglichst stark belastet wird. Das Gericht ist bei der Auferlegung eines richterlichen Eides nicht berechtigt, der Partei den Schwur zu erleichtern aus der Erwägung heraus, daß seine teilweise Überzeugung schon durch den Eid von geringerer Stärke ergänzt werde. Eine solche Erleichterung ist mit dem Wesen des Eides unvereinbar. Er ist stets in der strengsten Form zu schwören, die der Partei billigerweise zugemutet werden kann. § 459 findet volle Anwendung auf den richterlichen Eid mit einer Einschränkung: Die Auferlegung in der Form des § 459 II

vom 29. November 1901 bei Gruchot Bd. 47 S. 117 fg.; RG. I. Senat vom 7. Januar 1899 in der J. W. von 1899 S. 93 Nr. 20; RG. V. Senat vom 25. März 1899 in der J. W. von 1899 S. 303 Nr. 9; RG. 5. Senat vom 5. April 1908 in S.A. Bd. 63 Nr. 170.

[1] Dieselbe Anschauung vertritt Langheineken in seiner Zivilprozeſsvorlesung. Vgl. auch Schmidt § 84 S. 541.

setzt einen Parteiantrag nicht voraus[1], da die Einführung des Eides überhaupt in der Hand des Gerichts liegt und von einem Antrage unabhängig ist; die Partei kann die Zubilligung des Eides nicht immer voraussehen.

Nach § 459 I ist der Eid über eigene Handlungen und Wahrnehmungen des Schwurpflichtigen regelmäßig als Wahrheitseid zu leisten. Trifft für diese Tatsache den Gegner die Behauptungspflicht, so ist die positive substantierte Gegenerklärung des Schwurpflichtigen (§ 138) in den Eid aufzunehmen. Denn der Eid soll immer so bestimmt wie möglich lauten. Kann der Schwurpflichtige aber den Umständen nach die Behauptung des Gegners nur als nicht wahr bestreiten, so ist der Eid dahin aufzuerlegen, daß die Tatsache nicht wahr sei. Die Worte „es ist wahr, es ist nicht wahr, daß“ brauchen nicht in die Norm aufgenommen zu werden[2]. Die Angabe der eidesbedachten Partei ist in direkter Rede in den Eid aufzunehmen, und zwar ist die Ichform für den Schwörenden die am leichtesten verständliche und daher die beste[3].

Über eigene Handlungen und Wahrnehmungen des Schwurpflichtigen kann das Gericht nach § 459 II einen Überzeugungseid auferlegen, wenn „eine solche Thatsache vom Gegner des Schwurpflichtigen behauptet ist und dem letzteren nach den Umständen des Falles nicht zugemutet werden kann, daß er die Wahrheit oder Nichtwahrheit derselben beschwöre“.

---

[1] Ebenso RG. V. Senat vom 11. April 1908 in S.A. Bd. 63 Nr. 170.

[2] Vgl. insbesondere Stölzel Bd. 1 S. 130/31.

[3] In der Praxis wird sie wohl ausnahmslos gewählt. Vgl. auch Stein Anm. II zu § 459 und die dort aufgeführten Gegner dieser Übung.

Die Auflage in der erleichterten Form darf nach dem Wortlaut des Gesetzes nur erfolgen, wenn der Gegner des Eidesbedachten die Tatsache behauptet hat.

Der „Gegner des Schwurpflichtigen" ist beim zugeschobenen Eide oder beim richterlichen Reinigungseide die beweisbelastete Partei. Der Schwurpflichtige ist demnach hier die nichtbeweisbelastete Partei; das ist in der Regel auch die Partei, die die Behauptung nicht in den Prozeß eingeführt hat. Weil also dem Schwurpflichtigen hier nicht die Beweislast für die zum Eide gestellte Tatsache trifft, erscheint es billig, ihn von dem stärkeren Gewissenszwange des Wahrheitseides zu befreien, sofern ihm nach den Umständen des Falles nicht zugemutet werden kann, daß er die streitige Tatsache noch genau kenne.

Umgekehrt beim zurückgeschobenen Eide oder beim richterlichen Erfüllungseide ist der Schwurpflichtige identisch mit der beweisbelasteten Partei. Dies ist regelmäßig auch die Partei, die die Tatsache in den Prozeß eingeführt hat. Weil den Schwurpflichtigen hier also die Beweislast trifft, erscheint es niemals gerechtfertigt, daß die Erleichterung des § 459 II platzgreife. Hat die Partei selbst keine Kenntnis von der von ihr wahrgenommenen Sache, und kann sie auch keine oder nicht hinreichende materielle Beweismittel für die Wahrheit ihrer Behauptung angeben, so fehlt es dieser an genügender Grundlage. Eine Aufstellung derartiger Behauptungen hat möglichst zu unterbleiben. Jedenfalls unterstützt das Gesetz solches Vorgehen nicht dadurch, daß es die Partei zum Überzeugungseide zuläßt.

Nach dem Wortlaut des Gesetzes kommt es für die Anwendung des § 459 II darauf an, wer die Tatsache behauptet hat: „Ist eine solche Thatsache vom Gegner des Schwurpflichtigen behauptet ...“ Für den Regelfall führt die wörtliche Auslegung auch, wie gezeigt ist, zu einem annehmbaren Ergebnis. Anders dagegen wird es in den Ausnahmefällen, in denen die Partei, die die Tatsache in den Prozeß eingeführt hat, nicht identisch ist mit der beweispflichtigen Partei. In diesen Fällen, in denen durch besondere Beweislastregeln (vgl. z. B. die §§ 345, 363, 542 III, 636 II BGB.) eine Verschiebung der Beweislast stattfindet, würde bei wörtlicher Auslegung des § 459 II die nichtbeweispflichtige Partei, die die Tatsache behauptet hat, niemals zum Überzeugungseid über eigene Wahrnehmungen zugelassen werden können, wohl aber die beweispflichtige Partei, die die Tatsache nicht behauptet hat. Dies ist ein unannehmbares Ergebnis. Denn das Gesetz will den Nichtbeweispflichtigen in der Beweisführung nicht schlechter stellen als den Beweispflichtigen. Um auch in diesen Ausnahmefällen zu einem billigen Ergebnis zu kommen, dürfte es angebracht sein, die Anwendbarkeit des § 459 II nicht darauf abzustellen, wer die Tatsache behauptet, sondern darauf, wer die Tatsache zu beweisen hat. § 459 II am Anfang wäre also genauer dahin zu fassen: „Ist eine solche Thatsache vom Gegner des Schwurpflichtigen zu beweisen und . . .“ Für die Richtigkeit dieser Ansicht spricht auch, daß es wohl überhaupt keine Verteilung der Behauptungslast, sondern nur eine Verteilung der Beweislast gibt[1]. Ohne Einfluß für die Entscheidung ist es, wer eine Tatsache behauptet hat, von Erheblichkeit vielmehr

[1] Sehr bestritten. Wie hier Langheineken in seiner Zivilprozeßvorlesung.

ist allein, wer die Beweislast trägt. Da es eine Behauptungspflicht wohl überhaupt nicht gibt, und da insbesondere die wörtliche Auslegung zu unbilligem Ergebnis führt, so rechtfertigt es sich, die Anwendbarkeit des § 459 II auf die Beweislast abzustellen.

Folgende konkrete Beispiele mögen zur Verdeutlichung der bisherigen Ausführungen über § 459 II dienen:

1. Der Kläger verlangt die Erfüllung eines Vertrages. Der Beklagte behauptet, schon geleistet zu haben, und schiebt über diese Tatsache, für die er beweispflichtig ist, den Eid zu. Der Kläger schiebt zurück. Hier muß der Eid stets in der Wahrheitsform verlangt werden. Dagegen ist im folgenden Falle § 459 II anwendbar: Bei einer Klage ex delicto wegen Unterlassens einer Handlung schiebt der Kläger über das Unterlassen, für das er beweispflichtig ist, dem Beklagten den Eid zu. Dieser nimmt ihn an. Hier kann unter Umständen dem Schwurpflichtigen der Eid in der Überzeugungsform auferlegt werden.

2. Es ist eine Vertragsstrafe zur Sicherung einer Verpflichtung zum Tun versprochen worden. Der Kläger verlangt mangels gehöriger Leistung die Vertragsstrafe. Der Beklagte bestreitet die Verwirkung der Strafe und behauptet, richtig geleistet (erfüllt) zu haben. Für diese Gegenbehauptung ist er nach § 345 BGB. beweispflichtig. Er schiebt dem Kläger den Eid zu, der ihn annimmt. Nach dem Wortlaut des § 459 II müßte hier dem nichtbeweispflichtigen Kläger, dem Behauptenden, stets der Wahrheitseid abverlangt werden, während im Falle der Zurückschiebung dem beweisbelasteten Beklagten der Eid nach § 459 II in der Überzeugungsform auferlegt werden könnte. Dies Ergebnis, bei dem

der Nichtbeweispflichtige schlechter gestellt ist als der Beweispflichtige, erscheint jedoch unannehmbar. Nach der oben vertretenen Auslegung des § 459 II kann vielmehr umgekehrt in diesem Fall dem nichtbeweispflichtigen Kläger unter Umständen der Überzeugungseid zugebilligt werden, während der beweispflichtige Beklagte stets in der Wahrheitsform den Eid ableisten muß.

3. Jemand hat Sachen eines Konkursschuldners im Besitz. Er unterläßt, innerhalb der bestimmten Frist hiervon dem Konkursverwalter Anzeige zu machen. Dieser klagt nun nach § 119 KO. auf Schadensersatz. Der Konkursverwalter, der dafür, daß eine Anzeige nicht rechtzeitig erfolgt sei, beweispflichtig ist, schiebt dem Beklagten den Eid zu, der ihn annimmt. Hier darf der Schwurpflichtige unter Umständen seine Gegenbehauptung, daß er angezeigt habe, durch den Überzeugungseid nach § 459 II erhärten.

Es ist durchaus angebracht, daß nur dem Gegner des Beweispflichtigen die Erleichterung des § 459 II zugebilligt werden kann.

§ 459 II setzt, wie im Voranstehenden schon erwähnt, weiter voraus, daß dem Schwurpflichtigen nach den Umständen des Falles ein Wahrheitseid nicht zugemutet werden kann. Ob dies zutrifft, ist eine rein tatsächliche Frage [1], deren Beantwortung der Nachprüfung der Revisionsinstanz an sich nicht unterliegt. Beispiele hierfür sind: Es handelt sich um einen unbedeutenden Vorgang des täglichen Lebens; die Handlung oder Wahrnehmung liegt zeitlich weit zurück [2]. In diesen und ähnlichen

[1] RG. V. Senat vom 25. März 1899 in der J. W. 1899 S. 303 Nr. 9 am Ende.

[2] Vgl. RG. V. Senat vom 25. September 1897 in der J. W. 1897 S. 565 Nr. 14.

Fällen ist es durchaus wahrscheinlich, daß die Partei sich der Sachlage nicht mehr mit aller Bestimmtheit erinnern kann. Sie selber hat die Sachbehauptung nicht aufgestellt, hat eine bestimmte Gegendarstellung überhaupt nicht gegeben, sondern kann nur sagen, daß die vom Gegner gemachte Angabe nach ihrer Meinung der Wahrheit nicht entspreche. Auch der unbeteiligte Zeuge wird hier meist seine Aussage dahin einschränken müssen, daß seiner Erinnerung, seiner Überzeugung nach sich der Vorgang in der von ihm geschilderten Weise abgespielt habe; auch der Zeuge wird das Gegenteil nicht als ganz unmöglich hinstellen können. In solchen Fällen kann auch der Partei nicht zugemutet werden, daß sie den Eid in der Wahrheitsform abgebe; es muß ihr verstattet sein, ihre Überzeugung zu beschwören. Eines Antrages zur Auferlegung des Eides in der Überzeugungsform bedarf es für den richterlichen Eid, wie schon hervorgehoben, nicht. Auch hier ist der Eid entsprechend den Ausführungen über den Wahrheitseid regelmäßig auf die Überzeugung von der W a h r h e i t abzustellen; die negative Form, nämlich, daß die Tatsache nicht wahr sei, ist bei positiver Behauptung des Gegners nur dann zu wählen, wenn der Schwurpflichtige eine substantiierte Gegenerklärung nach der Sachlage nicht geben kann, sondern beim bloßen Bestreiten verbleiben muß.

Aber auch wenn der Eidesbedachte substantiiert das Gegenteil der beweisbedürftigen Tatsache beschwört, so beschwört er, daß die vom Gegner behauptete Tatsache n i c h t w a h r sei. Der Überzeugungseid nach § 459 II kann somit niemals dahin auferlegt werden, daß die vom Gegner behauptete Tatsache w a h r sei. Die Fassung des Absatzes II ist also unrichtig, die Worte „Wahrheit oder“ und „wahr oder“ sind überflüssig[1].

Langheineken[2] will die falsche Fassung des § 459 II dahin richtig stellen, daß er die Worte „Ist eine solche Thatsache vom Gegner des Schwurpflichtigen behauptet und“ eliminiert. Langheineken will also auch über eigene Wahrnehmungen des Schwurpflichtigen den Überzeugungseid zulassen, selbst wenn die Behauptung nicht vom Gegner, sondern vom Schwurpflichtigen zu beweisen, also regelmäßig auch von ihm behauptet ist. Alleinige Voraussetzung ist nach seiner Ansicht, daß nach den Umständen des Falles dem Schwurpflichtigen der Wahrheitseid nicht zugemutet werden kann. Dies ist ein praktisch glückliches Ergebnis; denn dafür, ob der Überzeugungseid am Platze ist, ist es an und für sich ohne Bedeutung, wer die Tatsache behauptet hat. Fraglich aber bleibt, ob die Niederreißung der Schranke dem im Gesetz zum Ausdruck gekommenen Willen entspricht: Wie oben darzutun versucht worden ist, soll die beweispflichtige Partei Tatsachen, die sie selbst wahrgenommen und für die sie nicht hinreichende materielle Beweismittel hat, überhaupt nur dann in den Prozeß einführen, wenn sie selbst darüber genau unterrichtet ist.

Über Tatsachen, die nicht in einer Handlung des Schwörenden bestehen und nicht Gegenstand seiner Wahr-

---

[1] Ebenso Seuffert Anm. 3 zu § 459; Fitting, Archiv für die Zivilistische Praxis Bd. 61 S. 435/36; Brettner bei Busch Bd. 3 S. 339/40. — Anderer Ansicht Stein Note 6 zu Anm. II 1 zu § 459.

[2] Druckbogen zu seiner Zivilprozeßvorlesung.

nehmung gewesen sind, insbesondere also über alle Tatsachen, die über den Rahmen des § 445 hinausfallen, ist der Eid stets als Überzeugungseid in der Form des § 459 III zu leisten. Danach ist der Eid für den Beweisführer positiv dahin zu fassen, daß er die Überzeugung von der Wahrheit der Behauptung erlangt habe, für den Gegner negativ dahin, daß er die Überzeugung nicht erlangt habe[1]. Doch ist der Eid über eine negative Behauptung dem Gegner in positiver Form aufzuerlegen. Ist zu beweisen, daß der Vertrag ursprünglich bedingungslos abgeschlossen, nicht an die Bedingung x geknüpft ist, so ist für den Nichtbeweisbelasteten der Eid dahin zu normieren: Ich habe nach sorgfältiger Prüfung und Erkundigung die Überzeugung erlangt, daß der Vertrag ursprünglich von der Bedingung x abhängig gemacht worden ist. Die Eidesformel hat nicht zu lauten: „Ich habe die Überzeugung nicht erlangt, daß der Vertrag nicht unter der Bedingung x abgeschlossen worden ist." Der Eid ist stets möglichst eng zu fassen. Die doppelte Negation ist, da sie leicht zur Unklarheit führt, zu vermeiden. Für die Richtigkeit dieser Anschauung spricht auch der Wortlaut des § 459 III: Der Überzeugungseid ist danach stets dahin zu leisten,. „daß die Tatsache wahr sei".

* * *

Die §§ 460, 461 II sind nach Maßgabe des § 477 III anwendbar. Nach § 477 III ist die Auflage des richterlichen Eides durch Beschluß unzulässig; der richterliche Eid kann nur durch Urteil auferlegt werden, und zwar ist regelmäßig durch bedingtes Endurteil auf ihn

[1] RG. III. Senat vom 6. Dezember 1904 bei Gruchot Bd. 49 S. 1028.

zu erkennen[1]. Über einzelne selbständige Angriffs- und Verteidigungsmittel kann er auch durch Zwischenurteil auferlegt werden. Jedoch erfolgt die Eidesleistung selbst dann erst, nachdem durch rechtskräftiges bedingtes Endurteil nochmals festgestellt worden ist, daß es für die Entscheidung des Rechtsstreits auf den Eid ankomme. Daher ist auch die Auflage durch Zwischenurteil gänzlich unpraktisch.

Eine Verletzung des § 477 III kann nicht nach § 295

[1] Wach, Grundfragen S. 62 fg., will de lege ferenda allgemein das Eidesurteil durch den Eidesbeschlufs ersetzen. Auch dieser Reformgedanke kann nicht ohne Bedenken hingenommen werden: Der Eidesbeweis ist subsidiärer Beweis, ist nur ein Notbehelf. Es ist gut, dafs auf den Eid erst zuletzt durch das unwiderrufliche Urteil erkannt werden kann. Ist das Gericht dagegen, wie Wach vorschlägt, in der Lage, den Eid stets auch ohne Einverständnis der Parteien durch Beschlufs aufzuerlegen, so besteht die Gefahr, dafs es vorschnell zu diesem einfachen Beweismittel greift (§ 533 II). Gewifs kann die unwiderrufliche Eidesauflage auch zu Nachteilen führen. Da aber der Richter weifs, dafs er an die Eidesnormierung im Urteil gebunden ist, wird er dabei besonders sorgfältig zu Werke gehen und regelmäfsig Versehen zu vermeiden wissen. Auch abgesehen davon, dafs die Zulässigkeit des Eidesbeschlusses zur vorschnellen Auflage führen kann, besteht bei diesem Verfahren die Gefahr, dafs ohne vorherige gründliche Prüfung überflüssige Parteieide auferlegt und geschworen werden. Beide Gefahren dürfte Wach unterschätzen. Vorschnelle und überflüssige Eidesabnahmen sind dagegen nicht zu befürchten, wenn die Auflage mit einer begründeten Entscheidung verbunden sein mufs und die Ableistung erst nach der Rechtskraft erfolgt.

Am Platze ist der Eidesbeschlufs im Berufungsverfahren gegen amtsgerichtliche Urteile. Hier steht aber auch nach dem geltenden Rechte der Auflage des Eides durch Beschlufs nach § 461 I nichts im Wege, wenigstens soweit der Schiedseid in Betracht kommt; im Berufungsverfahren vor dem Landgericht wird fast immer das Einverständnis der Parteien zu erzielen sein.

geheilt werden[1]; ist der richterliche Eid durch Beschluß auferlegt, so ist stets ein Revisionsgrund gegeben. In § 477 III ist eine absolute Rechtsnorm zu sehen. Ist durch Beschluß auf den Eid erkannt, so besteht die Gefahr, daß er seines subsidiären Charakters entkleidet, die Tatsachenfeststellung in einer Art geschehen ist, die das Gesetz nicht vorsieht. Die Auflage soll stets erst am Ende der Verhandlung über die bestimmte Tatsache erfolgen — auch das Zwischenurteil ergeht erst am Ende der Verhandlung über das einzelne Angriffs- oder Verteidigungsmittel. Hat das Gericht gegen § 477 III verstoßen, so ist aber doch, wenn schließlich auf denselben Eid durch Urteil erkannt wird, von einer nochmaligen Leistung des Eides abzusehen[2]. Die nochmalige Leistung wäre mit dem Charakter des Schwures nicht vereinbar.

* * *

Die §§ 462—469 bieten für den richterlichen Eid keine Abweichungen. Sie lauten:

§ 462.

In dem bedingten Urtheil ist die Eidesnorm und die Folge sowohl der Leistung als der Nichtleistung des Eides so genau, als die Lage der Sache dies gestattet, festzustellen.

Der Eintritt dieser Folge wird durch Endurtheil ausgesprochen.

§ 463.

Durch Leistung des Eides wird voller Beweis der beschworenen Thatsache begründet.

---

[1] Vgl. S. 42 fg. der Abhandlung.

[2] Ebenso RG. VI. Senat vom 16. November 1911 in der J. W. 1912 S. 199 Nr. 21 am Ende c. cit.

Der Beweis des Gegentheils findet nur unter denselben Voraussetzungen statt, unter welchen ein rechtskräftiges Urtheil wegen Verletzung der Eidespflicht angefochten werden kann.

§ 464.

Die Erlassung des Eides von Seiten des Gegners hat dieselbe Wirkung, wie die Leistung des Eides.

Die Verweigerung der Eidesleistung hat zur Folge, daß das Gegentheil der zu beschwörenden Thatsache als voll bewiesen gilt.

§ 465.

Erscheint der Schwurpflichtige in dem zur Eidesleistung bestimmten Termine nicht, so ist auf Antrag der Eid als verweigert anzusehen und zur Hauptsache zu verhandeln.

§ 466.

Der Schwurpflichtige kann die Folge der Versäumung des zur Eidesleistung bestimmten Termins dadurch beseitigen, daß er nachträglich bei dem Gericht die Abnahme des Eides beantragt. Der Antrag ist nur innerhalb der Nothfrist von einer Woche nach dem Termine zulässig; er kann zum Protokolle des Gerichtsschreibers erfolgen.

§ 467.

Gilt der Eid in Folge der Versäumung des Termins als verweigert, so ist, falls auf die Verhandlung in der Hauptsache ein Urtheil oder ein Beweisbeschluß ergeht, diese Entscheidung in einem besonderen, über eine Woche hinaus anzusetzenden Termine zu verkünden; für den Fall, daß die Abnahme des Eides rechtzeitig beantragt wird, ist der Termin zur Eidesleistung und zur weiteren mündlichen Verhandlung bestimmt. Hat die Verhandlung die Erlassung eines Urtheils oder eines Beweisbeschlusses nicht zur Folge, so ist, wenn die Abnahme des Eides rechtzeitig beantragt wird, der nächste Termin zur mündlichen Verhandlung auch zur Eidesleistung bestimmt.

Ist die Abnahme des Eides einem Mitgliede des Prozeßgerichts oder einem anderen Gericht übertragen, so ist, wenn der Schwurpflichtige in dem Termine nicht erscheint, jedoch innerhalb der Nothfrist die Abnahme des Eides beantragt, zu diesem Zwecke ein neuer Termin anzuberaumen.

§ 468.

Erscheint der Schwurpflichtige auch in dem zweiten zur Eidesleistung bestimmten Termine nicht, so ist ein nochmaliger Antrag auf Abnahme des Eides nicht zulässig.

§ 469.

Der Schwurpflichtige, welcher frühere Behauptungen zurücknimmt oder früher bestrittene Thatsachen zugesteht, kann sich zur Leistung eines beschränkteren Eides erbieten, selbst wenn der Eid bereits durch bedingtes Urtheil auferlegt ist. Auch können unerhebliche Umstände, welche in die Eidesnorm aufgenommen sind, berichtigt werden.

Diese Paragraphen finden auf den richterlichen Eid unverändert Anwendung. Insbesondere steht auch hier die Erlassung des Eides durch den Gegner der Eidesleistung gleich [1].

* * *

[1] Anders aber bei Eiden über von Amts wegen zu berücksichtigende Punkte. Vgl. darüber § 10 der Abhandlung.

Die §§ 471, 473 sind entsprechend anwendbar:

Wenn der Schwurpflichtige stirbt, wenn er zur Leistung des Eides unfähig wird, oder wenn er aufhört, gesetzlicher Vertreter zu sein, so können beide Parteien in Ansehung der betreffenden Beweisführung alle Rechte ausüben, die ihnen vor der Auflage des Eides zustanden, d. h. sie können ganz neue Beweismittel anbieten, die beweisbedürftige Behauptung zurückziehen oder zugestehen. Auch ist das Gericht befugt, dem Rechtsnachfolger, dem neuen gesetzlichen Vertreter oder sogar der Gegenpartei einen anderen richterlichen Eid aufzuerlegen.

Ist die Partei prozeßunfähig, so ist der richterliche Eid nach § 473 I in der Regel von dem gesetzlichen Vertreter zu leisten. Der Partei selbst kann er nur in den Schranken des § 473 II und III auferlegt werden, jedoch ohne daß es eines Antrages bedarf, da die Auflage und ihre Art allein in der Hand des Gerichts ruht.

* * *

Die §§ 472 und 474 gelten für den richterlichen Eid nicht; an ihre Stelle tritt § 476:

„Der richterliche Eid kann allen Streitgenossen oder gesetzlichen Vertretern, er kann einigen oder einem derselben auferlegt werden."

Da der richterliche Eid das Gericht überzeugen soll, so muß auch die Frage seiner Prüfung unterstehen, von welchen Streitgenossen oder gesetzlichen Vertretern es sich einen beweiskräftigen Eid verspricht. Auf Grund seiner Erwägungen kann es den Eid allen oder einigen auferlegen[1]. Dieses Ermessen des Gerichts untersteht

[1] RG. I. Senat vom 2. Mai 1883 in Bd. 12 S. 14; RG. V. Senat vom 11. März 1905 in Bd. 60 S. 264.

an sich nicht der Revision[1], da es auf dem Gebiet der Beweiswürdigung liegt. Dagegen ist die Revision begründet, wenn das Gericht sich seiner Befugnis aus § 476 nicht bewußt geworden ist. Eine Verletzung dieser Vorschrift liegt z. B. zweifellos vor, wenn sämtlichen gesetzlichen Vertretern einer Großbank über ein alltägliches Geschäftsvorkommnis ohne weiteres ein Eid auferlegt wird[2]. Hier ist ganz außer Betracht geblieben, daß wahrscheinlich nicht alle Vertreter von dem Vorgang Kenntnis genommen haben. Das Gericht hat gar nicht geprüft, ob der Eid aller Vertreter Beweiswert hat, ob sie alle von dem Vorgang etwas wissen oder nicht. Auf die Uberzeugung des Gerichts kann aber nur der Eid der Personen einwirken, die der Tatsache nicht fremd gegenüberstehen. Die Eidesauflage muß notwendig auf die Personen beschränkt werden, auf deren Eideserklärung es allein ankommt. Anderenfalls könnte die Eidesverweigerung seitens eines Streitgenossen, dessen Eid nicht die geringste Überzeugungskraft beizumessen ist, dahin führen, daß die Beweisergänzung als mißlungen gilt[3], obwohl alle die Personen den Eid geleistet haben, auf deren eidliche Erhärtung dem Gericht es allein ankam.

Das dem Gericht in § 476 gegebene freie Ermessen wird, was kaum der Hervorhebung bedarf, durch die Zuschiebung eines Eides nicht beschränkt[4].

[1] RG. V. Senat vom 8. Oktober 1902 in der J. W. 1902 S. 589 Nr. 8.

[2] Vgl. RG. VII. Senat vom 17. März 1908 in Bd. 68 S. 132 fg.

[3] Vgl. die folgende Seite.

[4] RG. V. Senat vom 25. März 1899 in der J. W. 1899 S. 303 Nr. 9; RG. II. Senat vom 9. Mai 1911 in der J. W. 1911 S. 657 Nr. 32.

§ 476 gilt abweichend von § 472 auch für die gewöhnliche Streitgenossenschaft. Die Entscheidung gegen einen Streitgenossen kann von der Leistung oder Nichtleistung eines einem anderen Streitgenossen auferlegten Eides abhängig gemacht werden. Jedoch kann der Eid nur einem Streitgenossen auferlegt werden, für den selbst die Eidesleistung Bedeutung hat[1]. Ist die Tatsache für den Streitgenossen ohne Bedeutung, so ist er als Zeuge zu vernehmen.

Hat das Gericht mehreren Streitgenossen oder gesetzlichen Vertretern den Eid auferlegt, so ist der formale Beweis nach § 463 I nur vorhanden, wenn alle Schwurbedachten den Eid geleistet haben. Wird er auch nur von einem verweigert oder ist er nach § 465 als verweigert anzusehen, so ist der vom Gericht verlangte Eidesbeweis nicht vorhanden[2]. Insbesondere kann bei einheitlich festzustellenden Rechtsverhältnissen die Eidesleistung oder Verweigerung nur eines der Schwurpflichtigen nicht zu verschiedenen Feststellungen gegenüber den einzelnen Streitgenossen führen[3]. Erläßt der Gegner einem der Schwurpflichtigen den Eid, so haben doch noch die übrigen zu schwören, wenn es zu dem formalen Beweise kommen soll.

---

[1] RG. VI. Senat vom 27. Mai 1911 in Bd. 76 S. 318.

[2] Bayrisches Oberstes LG. vom 6. November 1891 in S.A. Bd. 47 Nr. 241. Eine entsprechende Anwendung des § 472 II ist unmöglich. Vgl. S. 85 der Abhandlung.

[3] Ebenso nebenher RG. III. Senat vom 9. Juni 1902 in der J. W. 1902 S. 395 Nr. 19.

§ 9.

Der richterliche Eid im Beschlußverfahren und in besonderen Verfahrensarten.

Der richterliche Eid kann nach § 477 III nur durch Urteil auferlegt werden. Daraus ist aber nicht zu schließen, daß er in einem Verfahren, in dem kein Urteil erlassen wird, unanwendbar sei. Auch im Beschlußverfahren kann die Entscheidung auf einen richterlichen Eid abgestellt werden[1]. Denn das Gesetz läßt in keiner Weise erkennen, daß es dieses Beweismittel vom Beschlußverfahren ausgeschlossen sehen will, zum Unterschiede von allen übrigen Beweismitteln, insbesondere auch vom Schiedseid, der ja durch Beschluß auferlegt werden kann. Doch ist auch hier darauf zu halten, daß der richterliche Eid nicht seines subsidiären Charakters entkleidet wird. Er ist also nicht durch einen Beweis- oder Zwischenbeschluß, sondern nur durch bedingten Endbeschluß aufzuerlegen[2]. Ist dieser Endbeschluß durch sofortige Beschwerde anfechtbar, so darf der Eid erst abgenommen werden, nachdem die bedingte Entscheidung formale Rechtskraft erlangt hat.

Allein nicht in jedem Beschlußverfahren ist der richterliche Eid anwendbar. In allen den schleunigen Verfahren, in denen die Parteibehauptungen nur glaub-

[1] Ebenso Fitting S. 335 Anm. 6: Seuffert Anm. 1c zu § 477: RG. VII. Senat vom 28. Dezember 1901 in Bd. 50 S. 370 fg.; RG. V. Senat vom 22. April 1903 in Bd. 54 S. 311 oben. Anderer Ansicht Nöldeke, Zeitschrift für die zivilistische Praxis Bd. 28 S. 445, Bd. 29 S. 508 fg.

[2] Ebenso RG. VII. Senat vom 28. Dezember 1901 in Bd. 50 S. 372 oben.

haft zu machen sind, ist für den richterlichen Eid kein Platz. Hier tritt an seine Stelle die Versicherung an Eidesstatt.

Das gilt insbesondere auch vom Arrestverfahren, mag über das Gesuch durch Beschluß oder nach fakultativer mündlicher Verhandlung durch Urteil (§§ 921 I, 922 I) entschieden werden. Auch in dem Widerspruchsverfahren gegen einen den Arrest anordnenden Beschluß (§ 924 I) gilt § 920 II: Die Behauptungen sind nur glaubhaft zu machen, ein richterlicher Eid ist unzulässig. Durch das auf den Widerspruch ergehende Urteil (§§ 924 II, 925 I) wird ja auch nicht endgültig über das gefährdete private Recht, die „Hauptsache" (§ 926), sondern nur über die Rechtmäßigkeit des Arrestbeschlusses entschieden. In diesen Verfahren, in denen nur eine vorläufige Entscheidung gefällt wird, ist also für den richterlichen Eid kein Raum.

* * *

Unanwendbar ist der Noteid im Urkunden- und Wechselprozeß. (Vergleiche § 595 I.) Auch in diesem schleunigen Verfahren, in dem die Leistung eines Schiedseides stets durch Beschluß anzuordnen ist (§ 595 III), ist kein Platz für den richterlichen Eid. Die Voraussetzung für seine Auflage, ein unvollkommener Beweis, würde hier bei der beschränkten Art der Beweisführung auch wohl nur selten eintreten.

Weiter ist der richterliche Eid wie überhaupt jeder Parteieid im Entmündigungsverfahren ausgeschlossen (§§ 670 II, 679 IV, 684 IV, 686 IV).

§ 10.

Die Anwendbarkeit des richterlichen Eides zum Beweise der von Amts wegen zu berücksichtigenden Punkte.

Zum Unterschiede vom Schiedseide kann der richterliche Eid, da das Gericht seinen Beweiswert vor der Auflage prüft, zum Beweise aller von Amts wegen zu berücksichtigenden Punkte dienen. Insbesondere ist er anwendbar zum Beweise der Tatsachen, die die Restitutionsklage begründen. (Vergleiche § 581 II.) Auch ist er uneingeschränkt anwendbar in Ehe- und Familienstandssachen. (Vergleiche die §§ 617 II, 640 fg.)

Da auf die Feststellung der von Amts wegen zu berücksichtigenden Tatsachen die Disposition der Parteien sich nicht erstreckt, so ist bei Eiden, die solche Tatsachen zum Gegenstande haben, die Erlassung des Eides seitens des Gegners (§ 464 I) der Leistung nicht gleich gestellt. Ausdrücklich ist dies für das Verfahren in Ehesachen in § 617 II ausgesprochen. Der Beweis ist bei Eiden über die von Amts wegen zu berücksichtigenden Punkte nur erbracht, wenn der auferlegte Eid tatsächlich geleistet worden ist.

Geltung haben dagegen auch hier die Vorschriften über die Folgen des Nichterscheinens des Schwurbedachten im Eidestermin (§§ 465—468) und insbesondere auch die Vorschriften über die Folgen der Verweigerung der Eidesleistung (§ 464 II in Verbindung mit § 477 I). Die Anwendung der Beweisregel des § 464 II macht den richterlichen Eid als Beweismittel für die von Amts wegen zu berücksichtigenden Punkte auch durchaus nicht völlig unbrauchbar [1].

Durch die Zulassung des § 464 II wird die Anwendung des richterlichen Eides als Erfüllungseid überhaupt nicht beschränkt. Das zeigt folgende Betrachtung. Wenn der Richter erklärt, von der Wahrheit des Eidesthemas für den Fall der Eidesleistung überzeugt zu sein, so liegt darin zwar keineswegs auch immer die Erklärung, daß er für den Fall der Eidesverweigerung von der Unwahrheit des Eidesthemas überzeugt sei. Das Eidesthema ist nun beim Erfüllungseide zugleich das Beweisthema. Auf die Überzeugung von der Unwahrheit des Beweisthemas kommt es aber im Zivilprozeß niemals an, wie schon an anderer Stelle hervorgehoben ist, vielmehr genügt es zur Klageabweisung, daß der Richter sich von der Wahrheit des Beweisthemas nicht überzeugt hat. Daher ist es jedenfalls ohne Bedenken, daß auf den richterlichen Eid als Erfüllungseid die Regel des § 464 II auch im Offizialverfahren Anwendung findet. Leistet der beweispflichtige Kläger den ihm auferlegten Noteid, so wird der Klage stattgegeben, leistet er nicht, so wird er wegen Beweisfälligkeit abgewiesen, da er seinen unvollständigen Beweis nicht ergänzt hat, das Vorhandensein der von Amts wegen zu berücksichtigenden Tatsache nicht nachgewiesen ist. Im Offizialverfahren erleidet also die Brauchbarkeit des richterlichen Eides in der Form des Erfüllungseides durch die Zulassung des § 464 II keine Einbuße. Als Erfüllungseid aber wird der Noteid wohl vorwiegend praktisch in Frage kommen.

---

[1] Anderer Ansicht Birkmeyer a. a. O. S. 412/13.

Anders dagegen ist es mit dem richterlichen Eid als Reinigungseid im Offizialverfahren. In einem Scheidungsprozesse kann zwar dem Beklagten ein richterlicher Eid dahin auferlegt werden, daß er während der Ehe keinen geschlechtlichen Verkehr mit anderen Personen gehabt habe, nämlich dann, wenn der Verdacht der ehelichen Untreue besteht [1], der Gegenbeweis immerhin aber größer, der Beklagte also dem Eide näher ist. Bei der Auflage dieses iuramentum purgatorium ist aber zu berücksichtigen, daß nach § 464 II der Ehebruch bei Verweigerung der Eidesleistung als voll bewiesen gilt. Damit es nicht zur Scheidung komme, ohne daß das Vorhandensein der die Klage begründenden Tatsache voll nachgewiesen ist, muß das Gericht vor der Auflage prüfen, ob durch die Eidesverweigerung der unvollkommene Hauptbeweis voll ergänzt wird [2]. Das wird nicht immer zu bejahen sein; wird die Frage verneint, so ist der richterliche Eid nicht anwendbar. Hier ist also in der Tat die praktische Brauchbarkeit des richterlichen Eides durch die Anwendung des § 464 II zwar nicht ausgeschlossen, aber doch beschränkt.

Immerhin ist nicht einmal in allen Fällen bei der Auflage eines Reinigungseides über einen von Amts wegen zu berücksichtigenden Punkt auf die gesetzliche

[1] Vgl. Seuffert Anm. 3e zu § 617 und die dort zitierte Reichsgerichtsentscheidung.

[2] Vgl. die Motive zu § 554 des Entwurfes III (Hahn S. 542): „Darüber ob im Falle der Leistung oder Nichtleistung des richterlichen Eides eine Thatsache als erwiesen oder als nicht erwiesen anzunehmen sei, kann das Gericht sich in Ehesachen ebenso wie in anderen Prozessen vor Auferlegung des Eides schlüssig machen.“

Wirkung der Eidesverweigerung Bedacht zu nehmen. Der Ehemann klagt gegen die Frau auf Scheidung wegen Ehebruchs, der erwiesen wird. Die Beklagte wendet Verzeihung ein (§ 1570 BGB.), behauptet z. B., ihr Ehemann habe mit ihr, nachdem er von ihrer ehelichen Untreue erfahren habe, in Frieden gelebt, insbesondere auch mit ihr geschlechtlich verkehrt. Für die Wahrheit dieser Angaben, für die sie die Beweislast trifft, sprechen zwar einige Momente. Da aber der Kläger dem Gericht glaubwürdiger erscheint, will es ihm den (Reinigungs-)Eid dahin auferlegen, daß er mit seiner Frau seit der Kenntnis von dem Ehebruch nicht geschlechtlich verkehrt habe. Von der Auflage dieses Eides braucht niemals wegen der gesetzlichen Wirkung der Eidesverweigerung Abstand genommen zu werden. Leistet der Kläger den Eid, so ist das Gericht überzeugt, daß er die bewiesene eheliche Untreue der Ehefrau nicht verziehen hat, die Ehe ist also zu scheiden. Leistet der Ehemann den Eid nicht, so ist die Klage abzuweisen. Ist das Gericht durch die Eidesverweigerung vielleicht auch nicht von der Verzeihung des Ehebruches völlig überzeugt worden, so schadet das nichts. Das öffentliche Interesse geht nicht dahin, daß der Ehegatte den Scheidungsanspruch, den er vielleicht in der Tat besitzt, auch geltend mache.

Aus alledem ergibt sich: Auch bei der Auflage eines richterlichen Eides in der Form des Reinigungseides über eine von Amts wegen zu berücksichtigende Tatsache ist der Beweiswert der Eidesverweigerung nur zu prüfen, wenn der Gegenstand des Eides zu den klagebegründenden Tatsachen gehört.

Zum Beweise von Punkten, die von Amts wegen zu

berücksichtigen sind, kann zum Unterschiede vom richterlichen Eid der Schiedseid grundsätzlich nicht dienen. Doch ist er nach § 617 II, abgesehen von Ehenichtigkeits- und Ehefeststellungsprozessen, in denen er überhaupt unabwendbar ist (§ 617 III), in Ehesachen beschränkt zugelassen, nämlich zum Beweise der Tatsachen, die dem Bestehen der Ehe günstig sind[1]. Bei der Prüfung der Zulässigkeit ist auszugehen von dem Beweisthema, der beweisbedürftigen Behauptung, nicht etwa von dem Eidesthema. Kann der Schiedseid überhaupt zum Beweise eheerhaltender Tatsachen dienen, so ist insoweit die Eideszuschiebung und auch die Zurückschiebung zulässig. Bei der Beschränkung des Schiedseides auf eheerhaltende Tatsachen unterliegt es keinem Bedenken[2], daß auch hier die Beweisregel des § 464 II Anwendung findet, daß also durch die Verweigerung der Eidesleistung das Gegenteil der zu beschwörenden Tatsache als voll bewiesen gilt. Mit Unrecht hält Birkmeyer[3] die Anwendung des § 464 II im Eheverfahren für unmöglich, weil sonst der Bestand der Ehe in die Hand der Parteien gegeben werde. Dies trifft nicht zu. Birkmeyer bringt folgendes Beispiel:

„Zwei Ehegatten wollen wegen Ehebruchs geschieden sein, obgleich der Beleidigte dem Schuldigen sein Vergehen verziehen hat. Sie fürchten (vielleicht ganz ohne Grund), daß das Vorliegen dieser eheerhaltenden Tat-

[1] Im Norddeutschen Entwurf § 1074 und in den drei Entwürfen zur Zivilprozeßordnung (E I § 527 II, E II § 546 II, E III § 554 II) war der Schiedseid gänzlich ausgeschlossen. Erst die Reichsjustizkommission (Hahn S. 292/93) hat die beschränkte Zulassung beschlossen.

[2] Ebenso Seuffert Anm. 3e zu § 617.

[3] S. 414 fg.

sache von Dritten zur Kenntnis des Gerichts oder des Staatsanwalts gebracht und von diesem zur Aufrechterhaltung der Ehe ex officio geltend gemacht werden könne. Sie verabreden daher folgendes Verfahren: Der Mann klagt auf Scheidung auf Grund des von der Frau verübten Ehebruchs: die Frau beantragt Abweisung der Klage wegen erfolgter Verzeihung seitens des Mannes. Dieser leugnet, und die Frau schiebt ihm den Eid dahin zu, daß er ihr den Ehebruch nicht verziehen habe. Der Mann schiebt den Eid zurück, so daß die Frau nun zu schwören hätte, der Ehebruch sei ihr verziehen worden. Sie verweigert den Eid und macht dadurch das Nichterfolgtsein der Verzeihung zur vollbewiesenen Tatsache: die Ehe muß geschieden werden."

Dieses Ergebnis, das Birkmeyer für unannehmbar hält, und der daher im Eheverfahren § 464 II für den Schiedseid die Geltung versagt, ist keineswegs damit unvereinbar, daß eheerhaltende Tatsachen von Amts wegen zu berücksichtigen und von Amts wegen zu erforschen sind (§ 622). Durch diese Wahrheitserforschungspflicht wird die Verteilung der Beweislast im Eheverfahren nicht aufgehoben. Das berücksichtigt Birkmeyer nicht. Der Scheidungsanspruch ist begründet, wenn der Kläger den Ehebruch nachweist (§ 1565 BGB.). Das Gericht hat zwar von Amts wegen zu untersuchen, ob dieser zur Entstehung gekommene Anspruch nicht durch Verzeihung untergegangen ist (§ 1570 BGB.); läßt sich jedoch die Verzeihung nicht feststellen, so gereicht das dem Kläger zum Vorteil, Die Beweislast für die Verzeihung, für den nachträglichen Untergang des Scheidungsanspruches trifft die Beklagte. Die Tatsache der Verzeihung ist überhaupt erst von Bedeutung, wenn die Entstehung des Scheidungsanspruches dem Gericht voll nachgewiesen ist. Ist das aber geschehen, so ist die Ehe zu scheiden, wenn sich die Verzeihung nicht feststellen läßt. Da das Gericht auf die Zuschiebung und Zurückschiebung des Eides erst an letzter Stelle einzugehen hat, so wird durch diese Eidesauflage und die Zulassung des § 464 II der Bestand der Ehe nicht der Willkür der Parteien überlassen. Das würde nur dann geschehen, wenn die Zuschiebung auch über klagebegründende Tatsachen zulässig wäre.

§ 11.

Die richterliche Befugnis, auf einen Schätzungseid unter bestimmten Voraussetzungen erkennen zu können, ein Initiativ-, kein Offizialrecht. Der Schätzungseid ein richterlicher Eid.

Der schon im ersten Paragraphen der Abhandlung zitierte § 287 I lautet:

„Ist unter den Parteien streitig, ob ein Schaden entstanden sei und wie hoch sich der Schaden oder ein zu ersetzendes Interesse belaufe, so entscheidet hierüber das Gericht unter Würdigung aller Umstände nach freier Überzeugung. Ob und inwieweit eine beantragte Beweisaufnahme oder von Amts wegen die Begutachtung durch Sachverständige anzuordnen sei, bleibt dem Ermessen des Gerichts überlassen. Das Gericht kann anordnen, daß der Beweisführer den Schaden oder das Interesse eidlich schätze. In diesem Falle hat das Gericht zugleich den Betrag zu bestimmen, welchen die eidliche Schätzung nicht übersteigen darf.“

Die Voraussetzung für die Anwendung dieser Vorschrift ist, daß es sich um einen Anspruch auf Schadensersatz handelt. Der „Schaden“ umfaßt nach der Ausdrucksweise der neueren Gesetze auch das „zu ersetzende Interesse“. (Vgl. z. B. die §§ 252, 842 fg. BGB.) Die besondere Erwähnung des Interesses, des entgangenen Gewinnes, in § 287 ist also überflüssig. Der Schadensersatzanspruch kann beruhen auf einem Vertrage, auf einer unerlaubten Handlung, oder kann einen sonstigen Rechtsgrund haben[1]. Unanwendbar ist § 287 dagegen, soweit es sich um Schätzungen handelt, durch die nicht der Umfang eines Schadens, sondern einer sonstigen vertraglichen oder außervertraglichen Verpflichtung festgestellt werden soll. Nicht hierher gehört also der Anspruch auf eine Vertragsstrafe, selbst wenn sie als Mindestmaß eines Schadens verlangt wird. Nicht hierher gehört der Minderungsanspruch (§§ 462, 472 fg., 634 BGB.), der Bereicherungsanspruch (§§ 812 fg. BGB., § 541 II CPO.). Dagegen fällt der Anspruch aus § 717 II CPO. unter § 287; denn hier handelt es sich nicht um Bereicherung, sondern um Schadensersatz[2].

Bei jedem Schadensersatzanspruch sind drei Elemente zu unterscheiden: 1. der Umstand, aus denen die Verpflichtung zum Schadensersatze folgt, z. B. die unerlaubte oder vertragswidrige Handlung, 2. der Kausalzusammenhang zwischen dem Verhalten des Täters

[1] Über das Anwendungsgebiet des § 287 im einzelnen vergleiche die Kommentare.

[2] Ebenso Seuffert Anm. 1 zu § 287; anderer Ansicht Stein Anm. I 2 zu § 287.

und dem Eintritt des Schadens, 3. der Umfang des entstandenen Schadens. Für die Frage, ob die Verpflichtung (Nr. 1) zum Schadensersatze besteht, gilt § 287 überhaupt nicht, vielmehr ist dies allein nach bürgerlichem Recht zu bestimmen. Der Kausalzusammenhang zwischen der Handlung des Täters und dem entstandenen Schaden ist an sich zwar ein Teil der verpflichtenden Elemente (Nr. 1), auch ist er in § 287 ausdrücklich nicht erwähnt. Trotzdem wird mit Recht in Übereinstimmung mit den Gesetzesmaterialien wegen desselben praktischen Bedürfnisses § 287 I 1 auch für die Frage des Kausalzusammenhanges für anwendbar erklärt.

Der Kausalzusammenhang und der Umfang des Schadens sind häufig für die Partei nur sehr schwer voll nachzuweisen. Nahezu unmöglich ist es z B., daß die verlassene Verlobte die Höhe des Schadens, den sie nach § 1300 BGB. verlangen kann, genau nachweist. Um trotz dieser praktischen Schwierigkeiten bei Schadensersatzforderungen zu richtigen Entscheidungen zu kommen und sie nicht tatsächlich undurchführbar zu machen, ist die genaue Behauptungs- und Beweispflicht den Parteien durch § 287 erleichtert und die dem Richter nach § 286 zustehende Befugnis der freien Beweiswürdigung erweitert. Es ist nicht erforderlich, daß die Angaben der Partei einen zwingenden Schluß auf den behaupteten Schaden zulassen. Immerhin sind dem Gerichte ausreichende Anhaltspunkte als Grundlage für die Entscheidung vorzutragen, das Gericht hat auch hier nach § 139 durch Fragen auf die Abgabe möglichst lückenloser Erklärungen hinzuwirken. Kann es auf Grund aller ihm zustehender Mittel zu einer wenn auch nur allgemeinen Schätzung kommen, so darf es den Ersatzanspruch wegen mangelnden Nachweises der Entstehung und der Höhe des Schadens nicht abweisen[1]. Es hat unter Würdigung aller Umstände nach freier Überzeugung zu entscheiden. Der Richter kann hier in Abweichung von § 286 sogar nicht vorgetragene Tatsachen, insbesondere seine eigenen Lebenserfahrungen, neben dem Ergebnis der Verhandlungen und einer etwaigen Beweisaufnahme verwerten. Er kann zur Abkürzung des Verfahrens „von Amts wegen", also unter Abschneidung aller Beweisantretungen — darin geht die Befugnis aus § 287 über die in § 144 gewährte hinaus, und insoweit ist hier ein Offizialrecht vorhanden —, die Begutachtung durch Sachverständige anordnen[2]. Dieser Gedanke allein kommt durch die Worte „von Amts wegen" zum Ausdruck. Nicht etwa soll damit gesagt werden: Das Gericht könne hier selbst gegen den ausdrücklichen übereinstimmenden Willen der Parteien den Sachverständigenbeweis anordnen. Zur Annahme eines Offizialrechtes nach dieser Richtung fehlt es an jedem Grunde[3].

Das Gericht ist berechtigt, anzuordnen, daß der Beweisführer den Schaden eidlich schätze, also die Höhe des Schadens beschwöre: zur Feststellung des Kausalzusammenhanges zwischen der Handlung und dem entstandenen Schaden kann dagegen der Schätzungseid nicht dienen.

[1] Vgl. RG. II. Senat vom 24. Februar 1882, Bd. 6 S. 357 fg.: RG. I. Senat vom 3. März 1884 bei Gruchot Bd. 28 S. 1060; RG. I. Senat vom 18. Dezember 1886 bei Gruchot Bd. 32 S. 733 fg.

[2] Vgl. über alles dies die Kommentare und die dort angeführten Entscheidungen, insbesondere auch Ude und Rocholl a. a. O.

[3] Vgl. dazu Seite 20 fg. der Abhandlung.

Bisher unbestritten geblieben ist die Ansicht, daß auch der Schätzungseid unter Abschneidung jeder Beweisaufnahme auferlegt werden könne[1], das Gericht bei der Ausübung dieser Befugnis, sofern nur noch die Schadens h ö h e nicht feststehe, völlig unbeschränkt sei. Dieser Ansicht kann jedoch nicht beigetreten werden. Sehen wir uns zunächst in den Gesetzesmaterialien um. In den Kommissionsprotokollen zum Norddeutschen Entwurf heißt es[2]:

„Nach dem Beschluß der Kommission soll diese Befugnis — (nämlich auf einen Schätzungseid zu erkennen) — dem Gericht dann zustehen, wenn Beweise über die Höhe des Schadens oder des Interesses nicht vorliegen, so daß der Richter auf Grund der bisherigen Verhandlungen nicht imstande ist, sich eine Überzeugung über jenen Betrag zu bilden.“

Diese Worte können zur Not dahin gedeutet werden, daß der Richter sehr wohl unter Übergehung erheblicher Beweisantretungen der Parteien die Entscheidung auf einen Schätzungseid abstellen dürfe. Hören wir aber die Motive zu § 250 des 3. Entwurfs[3]:

„Wenn bestimmt wird, daß das Gericht nach freier Überzeugung über die Existenz und die Höhe eines Schadens oder eines zu ersetzenden Interesses zu entscheiden habe, so fordert die Konsequenz,

1. dem Ermessen des Gerichts zu überlassen, ob und inwieweit eine beantragte Beweisaufnahme oder die Begutachtung durch Sachverständige anzuordnen sei, und

[1] Vgl. die Lehrbücher und Kommentare, insbesondere S t e i n Anm. IV zu § 287; auch RG. IV. Senat vom 5. April 1886 bei Gruchot Bd. 30 S. 1124.

[2] H a h n S. 1049.

[3] H a h n S. 277.

2. — (das Folgende bezieht sich auf Abs. 2 des jetzigen § 287) — die in dem geltenden Rechte enthaltenen Vorschriften über das Iuramentum in litem — über das Recht einer Partei, zur eidlichen Schätzung des Schadens oder des Interesses zugelassen zu werden — aufzuheben.

Indem der Entwurf beide Konsequenzen zieht, hat er gleichzeitig zur Beseitigung von Zweifeln dem Gericht für den Fall, daß es auf Grund der Verhandlungen und einer etwaigen Beweisaufnahme nicht imstande ist, sich eine Überzeugung über den Betrag des Schadens zu bilden, die Anordnung gestattet, daß der Beweisführer den Schaden oder das Interesse eidlich schätze. Dieser Eid ist eine Spezies des richterlichen Eides und ist nach den Grundsätzen zu beurteilen, welche der Entwurf über den richterlichen Eid aufgestellt hat.“

Nach diesen Ausführungen, die übrigens bei den weiteren Beratungen von keiner Seite angefochten sind, darf das Gericht von der Befugnis nur Gebrauch machen, wenn es auf Grund der Verhandlungen und einer etwaigen Beweisaufnahme, also auf Grund des von den Parteien beigebrachten Materials, das es zunächst zu berücksichtigen hat, sich eine Überzeugung nicht bilden kann. Wie die Motive weiter erkennen lassen, hat dem jetzigen § 287 Artikel 1369 des code civil zum Muster gedient. Dieser lautet:

„Le serment sur la valeur de la chose demandée ne peut être déféré par le juge au demandeur que lorsqu'il est d'ailleurs impossible de constater autrement cette valeur.

Le juge doit même, en ce cas, détérminer la somme

jusqu'à concurrence de laquelle le demandeur en sera cru sur son serment."

Der Eid kann danach nur dann vom Richter dem Kläger (besser dem Beweisführer) auferlegt werden, wenn es überhaupt unmöglich ist, in anderer Weise diesen Wert zu bestimmen.

Nach den Motiven und der Entstehungsgeschichte hat also der Schätzungseid ebenso wie der richterliche Eid subsidiären Charakter. Die Materialien sind aber nicht ausschlaggebend, das Gesetz selber ist entscheidend. Es lautet nun:

„Das Gericht kann anordnen, daß der Beweisführer den Schaden oder das Interesse eidlich schätze."

Im Gegensatz zu dem Vordersatz fehlen hier die Worte „von Amts wegen". Die Befugnis des Richters. auf einen Schätzungseid erkennen zu können, ist also kein Offizial-, sondern nur ein Initiativrecht. Aber auch von dem Wortlaut abgesehen, fehlt es für die Annahme eines Offizialrechtes an besonderen Gründen. Wie die Entstehungsgeschichte des § 287 zeigt, beruht auch hier das Fehlen der Worte „von Amts wegen" nicht auf Zufall. Das Gericht darf daher nicht unter Übergehung erheblicher Beweisantretungen ohne weiteres die Schadenshöhe durch Eid feststellen [1]. Auch der Schätzungseid hat nach geltendem Recht, ebenso wie der richterliche Eid, subsidiären Charakter, er kann nicht zur Verdrängung vorhandener Beweise dienen. Der Partei darf durch die Zubilligung eines Eides nicht ihr Recht auf richterliches Gehör beschränkt. ihr darf nicht

[1] Dieselbe Anschauung vertritt Wach in der Kritischen Vierteljahrschrift Bd. 14 S. 360/61. Vgl. auch RG. V. Senat vom 8. Mai 1895 in der J. W. 1895 S. 293 Nr. 8.

die Möglichkeit genommen werden, durch ihre Beweisführung die Auflage eines Schätzungseides abzuwenden. Die gegenteilige Auffassung ist mit den Grundregeln des Prozeßrechts unvereinbar.

Nur bei der Anordnung des Sachverständigenbeweises, nicht etwa allgemein[1], können nach dem Wortlaut des Gesetzes Beweisantretungen zunächst ohne Prüfung übergangen werden. Hier besteht nicht, wie bei der Eidesauflage, die Gefahr, daß die Parteien in ihrem Rechte auf Gehör beschränkt werden. Das Gericht hat in den Fällen des § 287 nach freier Überzeugung zu entscheiden. Dem entspricht, daß es Beweisantretungen ex officio abschneiden kann, wenn es meint, auf Grund des bisherigen Prozeßergebnisses, seiner privaten Kenntnis und mit Hilfe seines Sachverständigen zu einer richtigen Entscheidung zu kommen. Sieht es aber nach der Anhörung des Sachverständigen, daß der angebotene Beweis nicht überflüssig ist, so kann es ihn immer noch erheben. Das ist aber beim Parteieid unmöglich, durch dessen Leistung, Erlassung oder Verweigerung ein formalos volles Beweisergebnis geschaffen wird.

Daraus, daß § 287 I 3 dem Gericht kein Offizial-, sondern nur ein Initiativrecht gibt, folgt weiter unter Anwendung des in § 1 der Abhandlung Entwickelten: Der Schätzungseid kann ebensowenig wie der richterliche Eid der Partei gegen ihren ausdrücklichen Willen auferlegt werden. Vielmehr ist in diesem Falle, wenn es an anderem Beweise fehlt, unbedingt gegen den Beweispflichtigen zu erkennen. Hat der Beweisführer jedoch über die Schadenshöhe dem Gegner den Eid zugeschoben,

[1] Zu weit geht RG. III. Senat vom 9. März 1882 in Bd. 6 S. 197 fg.

so ist auf diesen Eid für den Gegner die Entscheidung abzustellen. Der Schiedseid geht dann dem Schätzungseid vor[1].

Das Gericht „kann" auf den Schätzungseid erkennen. Von dieser Befugnis darf es nur dann Gebrauch machen, wenn es dem Eid Beweiswert beimißt. Die eidliche Selbstschätzung steht keineswegs neben der richterlichen Würdigung des Schadens[2]. Vor der Eideszubilligung hat das Gericht zu prüfen, ob der Beweisführer glaubwürdig ist und ob er sachliche Anhaltspunkte für die Schätzung hat. Der unglaubwürdigen Partei und der, die keine Kenntnis vom Schaden hat, darf der Eid nicht auferlegt werden. Also auch die Zuerkennung des Schätzungseides setzt wie die des richterlichen Eides ein „Ergebnis" zugunsten des Beweisführers voraus. Die Überzeugung des Gerichts, daß die Partei glaubwürdig, daß sie schätzungsfähig sei, ist ein Prozeßergebnis, ist ein durch die Verhandlung gewonnener unvollkommener Hauptbeweis. Die richterliche Befugnis aus § 475 deckt sich mit der in § 287 I 3 ausgesprochenen. Hier wird der Richter nur besonders darauf hingewiesen, daß er in Anbetracht seiner Pflicht, unter Würdigung aller Umstände zu entscheiden, auch auf einen Eid erkennen kann, wenn zwar zum Beweise der Schadenshöhe unmittelbar nichts oder nichts Hinreichendes vorgebracht ist, er selbst für eine eigene Schätzung keinen Anhalt hat, die Partei aber glaubwürdig und einer sachlichen Schätzung fähig ist. Sogar dann, wenn die Schadenshöhe nur ungenau angegeben ist, hat das Gericht mangels anderer Überzeugungsquellen zu prüfen, ob die

[1] Vgl. auch die Ausführungen auf S. 37 fg. der Abhandlung.
[2] Unzutreffend Ude a. a. O. S. 461.

Entscheidung auf den Eid abgestellt werden kann[1]. Ist es sich dieser Befugnis nicht bewußt geworden, so ist eine Gesetzesverletzung vorhanden, also ein Revisionsgrund gegeben[2].

Der Schätzungseid ist, wie der richterliche Eid, über die Tatsache aufzuerlegen, die dem Richter noch nicht voll bewiesen ist. Er kann also nicht bloß pure auf die Größe des Schadens, die Höhe, abgestellt werden[3], sondern es können auch die einzelnen Faktoren, aus denen der Schaden zu berechnen ist, die Menge und die Eigenschaften des zu schätzenden Objekts, darin aufgenommen werden[4].

Da der Schätzungseid ein Urteil, eine subjektive Ansicht der schwörenden Partei enthält, so ist er nicht als Wahrheitseid aufzuerlegen, sondern dahin zu fassen, daß der Schaden nach der Überzeugung[5] des Schwörenden sich bis zu dem von ihm angegebenen Betrage belaufe.

Gleichzeitig muß der Betrag festgesetzt werden, den die Schätzung nicht übersteigen darf. Hat das Gericht sich zwar über die Begrenzung der Schätzungssumme, wie aus den Urteilsgründen ersichtlich ist, schlüssig gemacht, ist aber versehentlich die Summe in

---

[1] Ebenso RG. IV. Senat vom 5. April 1886 bei Gruchot Bd. 30 S. 1123 fg.

[2] Vgl. besonders Rocholl S. 338 fg.

[3] So Ude a. a. O. S. 462.

[4] RG. V. Senat vom 8. Mai 1895 in der J. W. 1895 S. 294 Nr. 9; RG. V. Senat vom 23. Juni 1894 bei Gruchot Bd. 38 S. 1217 fg. = S.A. Bd. 50 Nr. 50. Anderer Ansicht RG. I. Senat vom 9. Juli 1890 in S.A. Bd. 46 Nr. 141 = J. W. 1890 S. 333 Nr. 5.

[5] So schon die Motive (Hahn S. 277); RG. II. Senat vom 18. Dezember 1900 in der J. W. 1901 S. 34 Nr. 5; OL. Kassel II. Senat vom 20. Oktober 1891 in S.A. Bd. 48 Nr. 217.

die Urteilsformel nicht aufgenommen worden, so ist diese offenbare Unrichtigkeit von Amts wegen nach § 319 1 zu berichtigen[1]. Enthalten dagegen die Gründe keinen Anhalt dafür, daß das Gericht die Höchstsumme festgesetzt hat, so liegt eine offenbare Unrichtigkeit nicht vor, der Mangel kann in dieser Instanz nicht beseitigt werden. Fehlt es an der Begrenzung, und ist das Urteil rechtskräftig geworden, so ist der Beweisführer berechtigt, den Eid bis zum Höchstbetrage der von ihm gemachten Angaben zu leisten. Hat der Eidesberechtigte die Festsetzung der Summe dem richterlichen Ermessen überlassen, so ist in diesem Falle die Eidesleistung keineswegs unmöglich und der Eid als verweigert anzusehen[2]. Diese Auffassung würde in keiner Weise dem im Urteil zum Ausdruck gekommenen Willen des Gerichts entsprechen. Das Gericht hat vielmehr vollkommen die Schätzung dem Beweisführer überlassen; dieser kann also, soweit er es mit seiner Überzeugung vereinbaren kann, den Eid in jeder Höhe leisten.

Der Schätzungseid ist nach all seinen Voraussetzungen, unter denen er auferlegt werden kann, ein richterlicher Eid. Er soll auch die unvollständige Überzeugung des Gerichts ergänzen. Von dem im § 475 behandelten Eide unterscheidet er sich nur dadurch, daß die Partei durch die Eidesleistung nicht das Vorhandensein einer reinen Tatsache, sondern ihre Schätzung, ihr subjektives Sachurteil, zu bekräftigen hat. Der Eid nach § 287 kann nur dem Beweisführer auferlegt werden. Doch ist das Gericht nicht gehindert, dem Gegenbeweisführer einen

[1] Ebenso, aber ohne Einschränkung, Skonietzki-Gelpcke Note 12 zu § 287.

[2] So Skonietzki-Gelpcke Nr. 12 zu § 287.

Reinigungseid nach § 475 zuzubilligen, z. B. dahingehend, daß die zerstörte Sache nur den von ihm angegebenen geringeren Wert gehabt habe. Diese Eidesauflage ist dann möglich, wenn der Gegenbeweis größer als der Hauptbeweis, der Nichtbeweispflichtige z. B. glaubwürdiger ist.

Da der Schätzungseid ein richterlicher Eid ist, so finden auf ihn die §§ 476, 477 Anwendung. Er kann also nur durch bedingtes Urteil, nicht durch Beweisbeschluß auferlegt werden[1]. Wird der Eid verweigert, so tritt die Beweisregel des § 464 II in Anwendung: die Partei ist mit dem Teil der Forderung, der streitig ist und der durch den Eid festgestellt werden sollte, abzuweisen. Eine nachträgliche Schätzung nach freiem richterlichen Ermessen ist nach der Leistung oder Verweigerung des Eides unmöglich. Seine Befugnis, die Schadenshöhe unter Würdigung aller Umstände nach freier Überzeugung festzustellen, hat der Richter durch die Eidesauflage schon ausgeübt.

Den Schätzungseid hat das Gericht aus eigener Initiative aufzuerlegen, eines Parteiantrages bedarf es nicht. Der Beweisführer kann durch seinen Antrag das Gericht zur Eideszubilligung nicht zwingen. Der gemeinrechtliche Schätzungs- oder Würderungseid (iuramentum in litem)[2], auf den die Partei zum Beweise der Höhe eines Schadens unter gewissen allgemein aufgestellten Voraussetzungen ein Recht hatte, hat in die Zivilprozeßordnung nach § 287 II keinen Eingang gefunden.

[1] Ebenso die gemeine Meinung sowie auch Fitting § 53 S. 263 Note 26, den Stein versehentlich als einzigen Gegner dieser Ansicht aufführt.

[2] Vgl. Wetzell § 28 Nr. 1.

FSC
www.fsc.org
MIX
Papier | Fördert gute Waldnutzung
FSC® C083411

Kolibri 360 GmbH
Ferdinand-Jühlke-Straße 7
99095 Erfurt, Deutschland
produktsicherheit@kolibri360.de

Druck:
CPI Druckdienstleistungen GmbH
im Auftrag der
Kolibri 360 GmbH
Ferdinand-Jühlke-Str. 7
99095 Erfurt